信心，是一把梯子

增訂版

施以諾——著

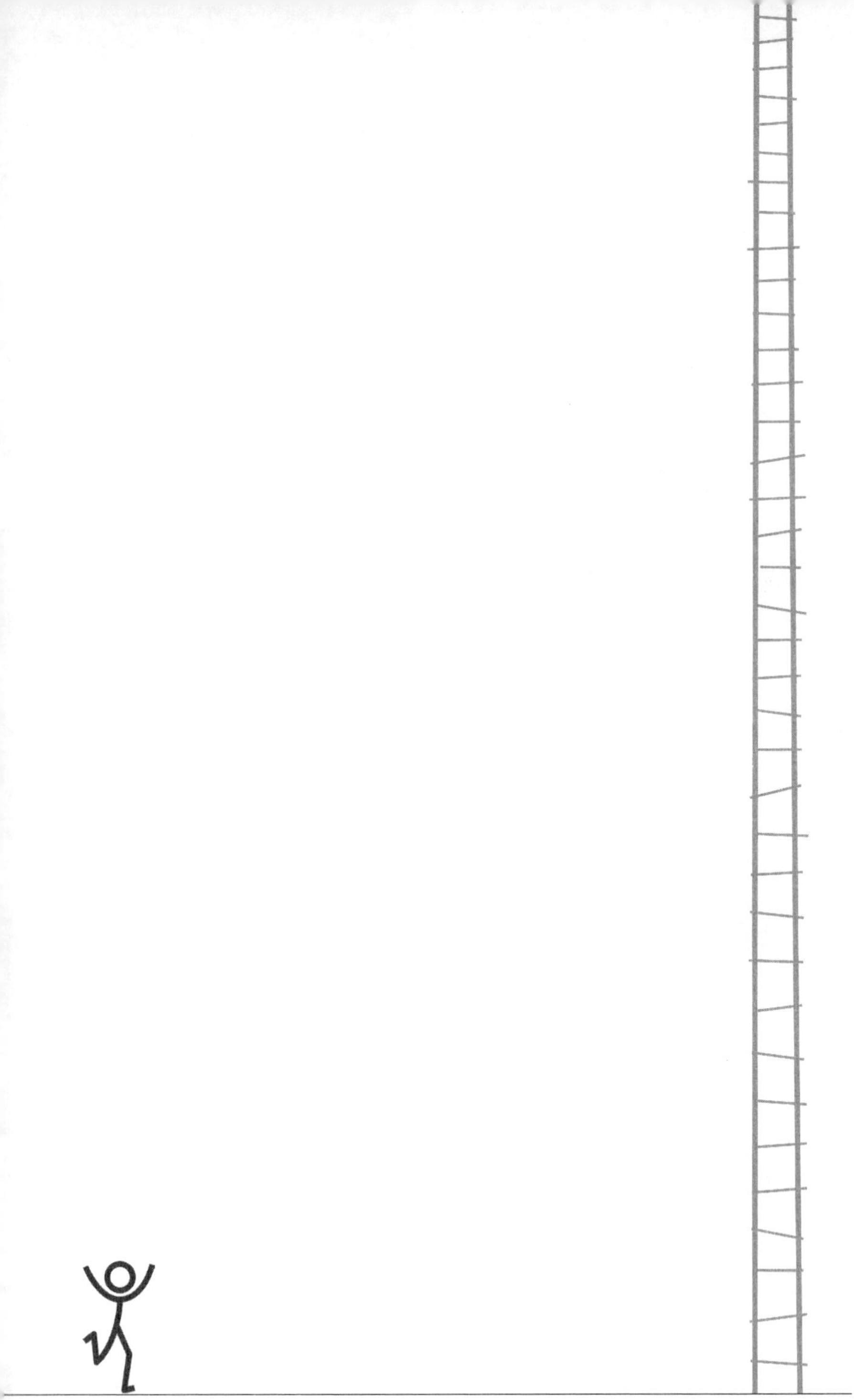

送給

相信嗎？**信心，是一把梯子**，

它可以讓您的心情、成就、生活、修養……愈爬愈高。

面對這個向下沉淪的世代，

我們每一個人，都需要「**向上提昇**」的盼望與祝福。

誠摯地與您分享這本《**信心，是一把梯子**》。

祝福您**向高處行**

向上提昇的**祝福**與**盼望**

如果有一把「梯子」，它可以讓人生一些無形的事物開始藉著它而往上爬，那該有多好？

當我們覺得社會風氣愈來愈差，覺得國家經濟每況愈下，覺得教改愈改愈沒希望，覺得在工作上求突破愈來愈難，覺得快樂指數直直下滑的時候，我相信我們每一個人，都需要「向上提昇」的盼望與祝福。

信心，就是那把無形的梯子，它可以讓一個人的心情、成就、生活、修養……等愈爬愈高。

這本書所提的「信心」不光只侷限於「自信」，而是泛指一種「正向思考」：相信事情即便看似不如意，但造物主仍有美好的旨意與恩典；相信自己存在的價值與潛力；相信人性中善的一面等。

本書共分四個部分來與大家分享「信心」的妙用與助益：

・信心是一把梯子，它可以讓你的快樂指數向上攀升
・信心是一把梯子，它可以讓你的價值愈爬愈高
・信心是一把梯子，它可以讓你的人氣指數愈升愈高
・信心是一把梯子，它可以讓你生活品質愈來愈好

本書收錄了我在工作之餘所寫的七十六篇散文、小品文。我的專職工作是在大學教書，兼職在醫院執業，幾乎只能抓零碎時間來寫作，是以大部分作品都是短文。而由於我生長在一個牧師家庭，所以許多文章均是以信仰爲出發點所寫出來的，但若您翻閱本書，將發現歷史上許多偉人（如：許多歷任美國總統、大文豪、偉人）的言行均可呼應本書的觀點，無論您有沒有宗教信仰，相信這本書都可以給您許多意外的驚喜與感動。

衷心地祝福您的人生向高處行。祝福您的心情、成就、生活、修養……等都能愈爬愈高。

施以諾 筆 於台灣・台北市

增訂版序

十八年前，我原本在一家基督教出版發行團隊擔任總編輯，一年出版六、七十本屬靈書籍，部門的編輯信仰虔誠，並對文字工作懷有使命。我很享受和一群優秀的編輯一起同工的工作經驗，但由於自己對於文字福音工作的感動和當時的總幹事有一些差距，經過禱告之後，感受到上帝要我成立一家出版社的心意，所以我離開了原本服務的團隊，成立了「主流出版社」。

在創業之前，我常感慨全台灣有大大小小各式各樣的書店，但「基督教書籍」在其中的曝光率卻很低。原因很多，包括基督徒在台灣的人口只有百分之五，我們這百分之五的人所慣用的語言，與另外百分之九十五的非基督徒有隔閡，使得基督教書籍在市場上變成「非主流」，取而代之的是，架上陳列更多星座命理書及各種其他宗教信仰的書籍。

聖經上說：「你們要去，使萬民作我的門徒。」（馬太福音廿八章19節）這不只是傳道人的責任，更是每個基督徒的責任！我創社的理念就是希望在「韓流」「日流」等蔚爲風尚時，社會上也能有「主流」，有一家主內出版社能夠打進一般圖書市場，而不是只在基督教書房銷售而已。

感謝主！「主流出版有限公司」在二〇〇七年成立，在當年出版的三本書當中，就有兩本書獲得「行政院新聞局優良課外讀物推介」！其中，施以諾的《信心，是一把梯子》更獲國防部青睞，大量採購三千本做爲國軍文康指定讀物，且獲得金石堂網路書店評選爲「年度心靈勵志類金書獎」。

《信心，是一把梯子》是主流出版有限公司成立後所出版的第一本書，於二〇〇七年七月初版一刷，一年之內銷售將近兩萬本，十七年來已再刷四十次，是本社最具代表性、最受讀者歡迎的書。由於本書內頁當年是以Quark軟體進行排版，原始排版檔已經無法開啓、修訂，爲了服務廣大的讀者需求，本社特別安排本書重新排版，作者施以諾教授更爲增訂版加入四篇新的文章。

本書作者施以諾身兼作家、治療師、大學教授等多重身分，已出版書籍多達二十幾本，並多次獲獎。以諾不單單是出版社重要的作者，也是敝人最常連絡的好友。從朋友的視角觀察，以諾之所以能在各個角色維持美好的平衡，並且能有優異的表現，靠的正是「信心」這把梯子。

欣見《信心，是一把梯子》能夠在二〇二五年一月增訂再版，也祝福這本書成爲更多人生命的祝福。

鄭超睿（主流出版有限公司創辦人、社長）

二〇二四年十二月九日

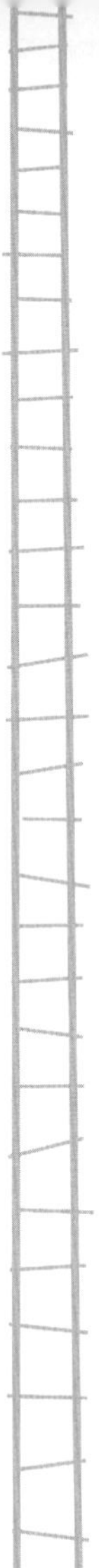

目錄

PART 1

信心是一把梯子，它可以讓你的快樂指數向上攀升：

PART 2 信心是一把梯子，它可以讓你的價值愈爬愈高：

PART 3

信心是一把梯子，它可以讓你的人氣指數愈升愈高：

PART 4

信心是一把梯子，它可以讓你的生活品質愈來愈好：

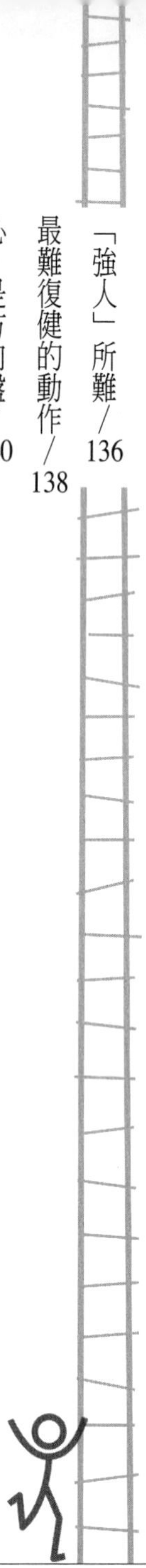

PART 1

信心，是一把梯子

它可以讓你的快樂指數向上攀升

優質的「信心」是一種「正向思考」：
即便看似不如意，但仍相信造物主有美好的旨意與恩典。

「情」能補拙

曾經有一個年輕人，從小功課就不好，常被同學嘲笑，長輩中幾乎沒有人看好他未來的成就。但幾年以後，他唸了博士學位，還寫了好幾本書，過去認識他的人訝異地問他：「爲什麼你能夠有這麼大的轉變呢？」

他正經而感性地說：「因爲，我母親在我功課最差的時候沒有放棄我，在沒有人看好我的時候，她總是鼓勵我，給我自信與勇氣，讓我能夠有動力從不斷的跌倒中再爬起來。」

也曾有一個拙口笨舌的女孩子，自告奮勇地去向一個表現傑出、口若懸河的無神論學者傳教，但每當她準備了厚厚的資料要去向那位學者傳教時，卻都緊張得不敢按門鈴。

終於有一次，她鼓起勇氣按下了門鈴，那位知名學者來應了門，但這個女孩子見了他卻緊張得不知所措，最後竟還著急地哭了起來，只好結巴地說道：「對……對不起，我實在想告訴您信耶穌的好處，但我……我知道我一定說不過您，一想到就心急，所以哭了起來……，希望您不要見怪才好。」

沒想到，這位素來雄辯濤濤的學者看了竟大受感動！心想：「她能夠有如此大的愛心與恆心，可見她所傳的信仰必有獨特的能力。」於是，便一改過去的排斥心理，開始認眞接觸信仰，沒多久，就成了一位虔誠的基督徒。

我始終相信一件事——「情」能補拙！

一個再憨的學子，只要有人肯鼓勵、肯定他，他一定有翻身的機會；一個口才再差的人，只要話說得誠懇，一樣可以有說服力；一個五音不全的人，只要唱得有感情，一樣可以打動聽者的心；一個不太有文學底子的人，若眞將發自內心的情感述諸文字，旁人一樣可以因他文字中所流露出的誠意與情感而受感動；一個辦事能力有限的人，只要辦事誠懇、盡心，即便果效、成就有限，身旁的人看在眼裡一樣會給予掌聲，甚至給予幫助。

重點就在一個「情」字，「情」能補拙！總之，即便人的能力有限，但只要用心、用情去待一個人，去做每一件事，必然可化腐朽爲神奇，在生命中增添許多驚喜與感。

信心與心情

有心的人，可以化渺小為偉大，化平庸為神奇。

～蕭伯納（英國劇作家）

論家世背景

在一個社區教會的主日學裡，老師與一群少年在談天。這個社區很特別，裡面的居民大多是高收入者，這群少年的家世背景也都頗有來頭，只有一位少年例外，他是個窮寡婦的兒子。

談天的過程好不熱鬧，少年們開始自豪地聊起自己的家世：

「我的爸爸是董事長。」

「我的爸爸是醫院院長。」

「我的爸爸在大學教書。」

「我的爸爸是上市公司的總裁。」

那名窮少年自卑地縮在一旁，不發一語，豈料，老師突然問他：「那你呢？你的爸爸是誰？現在在做什麼？」

少年嚇住了！沒有人不知道他的窮家世，但在這樣的場合被這麼一問，他不禁又急又羞。老師刻意看了看他所帶的聖經，那是一本他媽媽辛苦湊錢買給他的聖經，老師說：「喔！我知道你的家世了！」他愣愣地看著老師，老師慈祥地說：「你的爸爸是上帝！你是上帝的寶貝孩子。」

那位窮少年開心地笑了，老師的話讓他豁然開朗，從此以後，他找到了自信！再也不感到自卑了。

許多人在成長過程中，都曾有因家世背景不好而感到自卑的經驗，或因爲家世背景被拿出來比較，覺得自己似乎出身不如人，感到沮喪。

然而，聖經上記載：「你看父賜給我們是何等的慈愛，使我們得稱爲上帝的兒女。」

想一想，難道作「上帝的兒女」不比作「董事長的兒女」、「院長的兒女」、「總經理的兒女」更光榮，更有力，更讓人抬得起頭來嗎？還有什麼「家世背景」比這個更顯赫的呢？這麼想，我們可以活得更有自信。

您曾因「家世背景」而感到自卑、沮喪嗎？其實，只要您願意，論家世背景，您也可以是「上帝的兒女」。這才是最美最美的光環。

信心與心情

只有樂觀奮鬥，才能不斷茁壯。～拿破崙

中風的滑鼠

哦！我的滑鼠生病了，它「中風」了！

一早起來，發現它的左鍵沒了反應，只剩下右鍵有功能。一隻滑鼠就這麼癱了半邊，所以我說——它中風了。

雖然大學念的是復健醫學系，但我從來沒有學過該怎麼幫滑鼠「復健」；於是，我把它送去給了電腦工程師。

這一天，雖是假日，但卻讓我很不方便。

沒有滑鼠，我不能跑研究數據；沒有滑鼠，我也沒法兒寫些小品文；沒有滑鼠，我不能點選電腦中的任何檔案。原先預定該做的事都不能做，有些悶，也有些無奈。

朋友在電話中聽到我的抱怨後，建議我乾脆利用這機會出去走走。第一時間我想著：「忙都忙不完了，電腦配備又偏偏在這時候出問題，哪有心情出去走啊？」但後來，還是索性利用這空檔到住家附近晃晃。

在住家附近晃了一圈後，我竟有了許多發現：

雜貨店老闆臉上什麼時候多了這麼多的皺紋？
原來公園裡的鳥叫聲靜靜聽起來竟這麼好聽！
怎麼社區裡的早餐店生態有那麼大的改變？
嘿！原來對面大樓陳媽媽健康、開心的祕訣是每天早起運動。

不久，滑鼠的問題解決了，不過我原本的工作計畫也整整耽誤了一整天。但我卻爲著今天上帝讓我的滑鼠突然壞了半邊，而被迫必須暫時放下工作而感到感恩，這讓我學會偶爾也該放下工作，停下來去關心、享受這個世界的人與物。

信心與心情

微笑是保持健康的良藥，不用花一分錢。

~奈思比特

幸好上帝沒答應

許多人覺得活著沒有盼望，因爲覺得自己的心願似乎總是落空。

這讓我想到一位婦女，有一次她在聚會中當著大家的面分享道：「幸好！當年上帝沒有答應我的禱告。」

大家聽了有些詫異與納悶，她接著說：「否則……，我可能已經嫁錯了好幾個老公了。」全場人聽了不禁莞爾。

每個人在禱告中都會有不同的祈求，不論是婚姻上、事業上、學業上。親愛的朋友，您常爲禱告祈求的落空而忿然、難過嗎？也許，當數年過後，您我也會感恩的說：

「幸好！當年上帝沒有答應我的禱告。否則，我可能已經入錯好幾次行了。」

「幸好！當年上帝沒有答應我的禱告。否則，我就進了一家不適合自己的公司。」

「幸好！當年上帝沒有答應我的禱告。否則，我就唸

了一個不適合自己的科系。」

可不是嗎？上帝對每一個人都有祂的美意與帶領，也許跟我們當下所求所想的有差異，但這世上有太多的事情與變化是我們的智慧所籌算不到的，也許有一天再回過頭來，您我也會感恩地說：

「幸好！當年上帝沒有答應我的禱告。否則……」

很多時候，上帝「拒絕」你，是因爲祂爲你在未來預備了更好、更適合的人事物。

信心與心情

論到全能者，我們不能測度；他大有能力，有公平和大義，必不苦待人。（約伯記卅七章23節）

量「恩」而為

美國總統布希有一句名言：「我們不求與我們的力量相等的任務，乃求與我們的任務相等的力量。」這幾年，我對這句話有著深深的共鳴與感觸。

我的本性相當謹慎、保守，我善於先評估自己的內在資源，先評估自己的優勢、精力，進而再決定自己該做哪些事，該捨哪些事。

從某個角度來看，這或許是個優點。的確，在我的成長過程中，懂得「量力而爲」總是讓我能夠集中精力去把某些該做的事做好，也讓我總不至於一敗塗地。

然而，隨著年齡的增長，漸漸地，有越來越多的事情開始進入我的生命中，我的身分越來越多元，越來越忙碌，時間也愈來愈不夠用。

許多朋友覺得我之所以能兼顧寫書、醫學院教職、醫院治療師的三重身分，必定是因爲我非常擅長時間管理與規劃，或是我

在某方面實在是什麼天賦異秉之類的。但其實，這些揣測都錯了！論資歷，我的年紀還輕，論能力，我的能力根本平凡至極。

平心而論，以我個人的資質與條件，近年來我所做的許多事其實都是遠遠超過我能力範圍的。我之所以在旁人眼中看似能一次兼顧許多的身分，能同時做許多不同性質的事，是因爲我改變了過去那種「量力而爲」的態度。我告訴我自己：如果我繼續秉持「量力而爲」的生活觀，我不可能成爲合乎上帝使用的器皿。我開始學習、嘗試一個新的功課——量「恩」而爲！

可不是嗎？我們能做多少事，關鍵不在於我們本身有多少「實力」，乃在於上帝將要給我們多少「恩典」。如果我們用自己有限的實力來衡量自己該做哪些事，那麼我們能做的事必然極有限；然而，若是我們能用上帝無限可能的恩典來衡量自己該做哪些事，則我們的生命必會有許多驚喜與感動。

您期待自己能更被上帝所使用嗎？當心中有特定的感動時，千萬不要「量力而爲」，這會使人心怯，您應該「量恩而爲」！如果這些事眞是上帝要您去做的，即便目標遠超過您個人的實力，祂也會賜下足夠的恩典，讓您去達成目標。

《主的恩典夠我用》是我很喜歡的一首詩歌，歌詞開頭唱道：「當我受特殊試煉和痛苦時候，主耶穌就告訴我恩典夠用；每當我灰心失望，完全無助的時候，主耶穌就告訴我恩典夠用。」

您是否也常覺得自己沒有能力去做某些事？常覺得自己沒有能力去面對某些挑戰與壓力？如果那些事眞是上帝要您我去做的，眞是上帝要您我去面對的，那，不妨「量恩而爲」吧！與您共勉之。

信心與心情

我們不求與我們的力量相等的任務，乃求與我們的任務相等的力量。

~喬治·W·布希（美國第四十三任總統）

哦！上帝**不是故意**的

我一直很喜歡底下這則小故事：

有艘貨輪在一航海的途中沉沒了，一位水手僥倖地活了下來，並漂流到一座小島上。爲求生存，他砍了些樹枝與棕櫚葉來搭了一間簡陋的樹屋，就這麼就地住了下來。

他每天禱告：「上帝啊！求祢保守我獨自一人在這孤島生活能平安，並幫助我能想辦法離開這裡吧！」他每天這樣禱告，一天過去了，兩天過去了……，直到過了一個月，他仍舊被困在那荒島上。

這天傍晚，他無奈地到海灘上散心，忽然聞到有煙味！趕忙回頭一看，竟是那自己辛辛苦苦搭建、在這島上唯一的屏障——小樹屋著火了！等到他趕到那兒，整棵樹連同樹屋早已化爲灰燼！他憤恨地大哭：「上帝啊！祢不但不救我，不聽我的禱告，還把我僅有的都給奪去了！」

那天晚上，他就這麼懷著怒氣與不平地躺在沙灘上睡著了。

想不到隔天一早，居然有人划著小船來沙灘上搖醒他，並要他跟著他們回到停泊在不遠處的大油輪上去。這落難的水手好高興！便問來載他的船員們：「您們怎麼知道我在這兒的呢？」

那些船員回答：「喔！因爲我們看到你昨天晚上發的信號彈了啊！」「信號彈？」那落難的水手丈二金剛摸不著頭地呢喃著，後來才恍然大悟！原來是前一天夜裡的「不幸」事件……而他，在幾個小時前還爲了這事對上帝破口大罵呢！

也許在生命中的某些時刻，我們會氣到有一股欲咒罵「天理何在」的衝動。然而，親愛的讀者，請相信我：

上帝不是故意的，祂眞的不是故意的，
祂不是故意讓我們找工作不順，
不是故意讓我們考試失利，
不是故意讓我們陷入困境，
其實，祂都是「有意」的！
是有意送上一些挫折，
是有意擋擋我們的銳氣，
有意安排一些化了粧的祝福。

很多事情也許我們當下看來是種「詛咒」，但實際上卻是上帝的另一種「賜福」。

就像故事中那位水手的遭遇一樣，我們的上帝就是這麼樣地幽默，喜歡用一些令人怎麼也想不到的帶領，來讓世人在最後一刻來個喜出望外！

曾經有許多令我納悶、不平的事情，現在回過頭來看才覺得：上帝真的不是故意的！祂都是有意的，一切的一切都有祂的美意。

信心與心情

我一直相信一切事情的發生都有上天的安排。

～隆納德・雷根（美國第四十任總統）

37度C的恩典

前一陣子，我面臨極大的壓力，並遭遇許多的挫折，整個人悶悶不樂、鬱鬱寡歡。

幾天後我按例到醫院裡去執業。自從到大學任專任教職後，我每週去醫院的時間就相對減少了。那天，在科內的晨會裡，一位護士正報告某床病人前天夜裡發燒一事。一開始我並沒有特別的感觸，忽然，心弦卻突然被激盪了一下，我猛然想到：

「37度C是每個正常人的體溫，
但對許多病人而言卻是一種奢望。
我這陣子雖然事情又多又煩，
但想一想，我有多久沒有爲『體溫正常』而心懷感恩了呢？」

於是，我在心中默默地做了一個簡短的禱告：

「主啊，祢知道我最近忙透了，不過眞的很感謝祢，讓我今天的體溫是正常的37度C！我爲這個恩典向祢獻上我的感謝。」

很奇妙，當我做完這個禱告後，原本鬱悶、煩躁的情緒一掃

而空，進而做起事來也較有條理。

寫這篇文章主要是要分享兩個心得：

一、先處理「心情」，再處理「事情」，會讓事情處理起來事半功倍。

二、如果您不知道該怎麼處理鬱悶的「心情」，不妨先回憶一下新冠肺炎疫情期間那段舉國風聲鶴唳的日子，再想想自己現在的「溫度」，我想您對當下的狀況將會有不同角度的詮釋。

37度C的恩典，是生活中最平凡的恩典！是生活極大的恩典！卻也是最容易被您我遺忘的恩典。

想一想，您多久沒有爲這份平凡但寶貴的恩典而獻上感恩了呢？

信心與心情

我決計一生像太陽，無論什麼事，總看光明的一面。

～赫德

貧心競氣？

現代人喜歡「比較」，總是活在比較的壓力中，極重視外在的穿著、頭銜，甚至彼此比較到傷了和氣的地步。

現代人也愛「批評」，因著對自己處境的不滿所生出的自卑，或是過度的自恃，變得越來越偏激、不平衡。

現代人亦愛「發怒」，很容易因爲別人的三言兩語而過不去，甚至極易記仇，大動肝火，搞得彼此情緒極爲對立。

爲什麼會這樣？爲什麼許多人總是愛彼此惹氣，甚至彷彿對這樣的生活方式樂此不疲？

理由可能有很多，但，我覺得最關鍵的一個原因，是因爲人心貧窮。一個眞正心靈富足的人，不愛比較那些外在的穿著、頭銜；一個眞正心靈富足的人，不會生出偏激來；一個眞正心靈富足的人，不會動不動就臉紅脖子粗，不會（也沒有空處）去記仇。總之，一個心靈富足的人，往往能心平氣和地面對衝突。

可不是嗎？人們往往都是因爲「貧心」，所以才會「競氣」！

很多時候，「貧心競氣」地過日子與「平心靜氣」地過日子只在一念之間，端看一個人的內涵、教養、生命。您是一個心靈富足的人嗎？

我曾經認識一位朋友，他以前總是喜歡與人競爭，心眼很小，很容易被刺傷，甚至因而懷恨在心。幾年以後，我卻發現他的生命有了徹底的改變！他變得成熟、詼諧，不再愛與人競爭，反而還會常誇讚別人！心眼不再小，反而常會自嘲地幽自己一默。

我問他爲什麼，他只說：「上帝改變了我的生命。」眞是一個最簡單，卻也最有力的回答。我不得不承認，信仰確實改變了他的性格。這讓我想起了《聖經》上耶穌所說過的一句話：「我來了，是要叫人得生命，並且得的更豐盛。」

親愛的朋友，想一想，您我的心靈夠富足嗎？您我是否在不知不覺間，已漸漸地變成了一個「貧心競氣」的人了呢？您我是否在不知不覺間，已漸漸地變成了一個愛比較、愛批評、愛與人惹氣的人而不自覺呢？

學習靠主豐富自己的內在、生命，靠信仰塡補心中的貧乏、自卑、空虛、無助，會讓您我活得更健康，更優質，更愜意。

信心與心情

上教會不一定會讓你變成一個基督徒，但通常會使你變得比較有教養。

～拉塞福・海斯（美國第十九任總統）

傑出的歐巴桑

人的自信往往來自於自我價值感。您怎麼看待自己的價值？怎麼看待旁人的價值？

這天，一位過世的掃地歐巴桑靈魂來到了天國。

在天國裡，歐巴桑碰到了耶穌，她低著頭，滿臉羞愧。最後，她終於忍不住哽咽地說著：「主啊！對不起！我這個人沒有用！我不像別人這麼好，我在地上的時候沒有爲祢講過一次道，沒有寫過一本書，沒有轟轟烈烈地見證，甚至人們根本沒有把我放在眼裡，我只是個掃地工，我沒能幫祢做什麼。」

歐巴桑愈說愈慚愧，幾乎快哭了出來。

耶穌卻回答說：「不會啊！我覺得妳的生命非常傑出、精彩。」

歐巴桑瞪大了眼睛，不敢相信自己聽到了什麼！

耶穌說：「妳很努力地做好自己分內的工作，不管有沒有人看見，有沒有加薪，妳都會堅持認真地把地給掃好、擦好；妳也

有一顆單純、善良的心，這是許多人所沒有的。」

耶穌又說：「我不管世界上的人怎麼評價妳，在我眼中，妳是一個非常傑出、優秀的孩子。我以妳爲榮。」

什麼叫「傑出」？傑出的定義其實可以有很多種！聖經上說：「當以基督耶穌的心爲心。」

在耶穌的眼裡，那位不起眼的歐巴桑的生命竟可以是如此地優秀、美好。

在現代的社會，我們似乎已習慣於透過某些框框來定義「傑出、優秀」，習慣透過名與利的框框來界定傑出與優秀。其實，如果能跳脫功名主義的框框，可能會看見許多我們平時所看不到的傑出與優秀。學習換顆心看世界，以基督耶穌的心爲心，您也將會看見許多「平凡的偉人」。

信心與心情

上天並不是看我們職位的大小，而是看我們工作時的愛心如何？～勞倫斯

印壞的郵票

我有一個愛收集郵票的朋友，他有琳瑯滿目、各式各樣的郵票。我曾經問他：「什麼樣的郵票是你們這些集郵者最喜歡的？」他回答：「什麼樣的郵票我們都愛。不過，一些有特殊紀念價值的，如某大人物就職週年紀念郵票、運動會紀念郵票，以及一些限量發行的郵票，因爲稀少，所以在價值上顯得特別珍貴。再來就是一些印壞、印歪的郵票，也特別值得收藏。」

說眞的，一開始我還眞不太明白，爲什麼那些印壞的郵票會跟那些特別的紀念郵票一樣地受到青睞。但後來想一想，物以稀爲貴，且那些印壞、印歪的瑕疵品郵票，仔細看看還眞令人莞爾或帶有某種美感，或許這就是它們讓那些集郵愛好者愛不釋手的原因吧！

在醫院裡面，我偶爾有機會接觸到一些天生就有殘疾、缺陷的病人，或許，我們從人的角度來看，會覺得他們彷彿是造物主的「瑕疵品」，覺得造物主實在對他們太不公平了。然而，幾次

跟他們互動下來，我覺得這些天生在智力或身體上有殘疾、缺陷的人們，若願意用心去看他們，會發現有的時候還眞的滿可愛的！

怎麼說呢？因著他們某方面的缺陷，他們反而變得沒有詭詐，非常單純、善良，或者變得非常堅強、成熟。也許在世俗的眼光裡，他們注定是輸家，但想一想，「沒有詭詐、單純、善良」以及「堅強、成熟」不也都是了不起的內在成就嗎？社會上多少高級知識分子，或年收入超過百萬者都做不到這些，但，許多天生有殘疾、缺陷的人們卻做到了！

我想，若以造物主的眼光來看，因著他們單純、善良、堅強……，他們在天父眼中的價值恐怕還遠遠高於一些在社會上有身分、名望的人們呢！

就像那些「印壞的郵票」一樣，在天父的眼中，他們往往特別寶貝、特別可愛、特別有價值，您說是嗎？

信心與心情

一個人無論看似再怎樣渺小，都有他存在的價值與意義。 ～荷姆

不要限定上帝賜福你的方式

我有一位好朋友，他並不算是個富人，他與太太和兩個可愛的女兒同住在花蓮郊區。

有一天，當他要出門時，剛唸國小的大女兒認眞地對他說：「爸爸，你出門一定要小心哦！」

他回答：「好。」

大女兒又愼重其事地說：「爸爸，你出門眞的一定要小心哦！」

他再次回應了女兒的提醒，豈料女兒又說：「爸爸，出門一定要小心哦！」

他忍不住問：「爲什麼一直叫爸爸要小心呢？」

女兒認眞地回答：「爸爸，你要知道，家裡可是有三個女人深愛著你一個男人耶！」

他窩心極了！事後他表示，當天他出門騎在摩托車上時，都還會忍不住露出滿足、甜蜜的微笑。他事後甚至在電話中開心地對我說：「有妻女若此，夫復何求啊！」

很多時候，我們都會求上天賜福給我們，都會希望上天能讓我們或我們的子女能功成名就！能讓我們有很響亮的頭銜，或讓我們的子女成爲名列前矛的

資優生……，在我們眼中，上述這些東西等同於「賜福」。不可否認，這些的確都是上帝賜福給人的方式，然而，「功成名就」只是上帝賜福給人的其中一種方式！但絕不是唯一的方式！「家庭美滿」、「心靈健康」……等，也是上帝賜福給人的方式、管道。

人們常喜歡在祈禱中「限定上帝賜福的方式」，常狹隘地要求上帝必須按我們所期待的某種方式來賜福給我們，進而在不知不覺中，忽略了祂可能賜福給我們的其他管道和方式。

誠如故事中那位朋友滿足地說道：「有妻女若此，夫復何求！」難道這種「賜福」（家庭美滿），比不上賺大錢或拿到博士學位嗎？

「功成名就」的確是上帝賜福給人的方式，然而，卻只是上帝賜福給人的「其中一種」方式而已！祂若要賜福給一個人，會有很多種不同的方式與管道。

懂得一切交託，相信上帝對您我未來的帶領、美意，不要限定上帝可能賜福予您的方式，是值得學習的課題，值得培養的生活態度。

信心與心情

信靠神是一種極大的安慰……即使祂的心意不是我們所喜愛的。

～班傑明・哈里森（美國第廿三任總統）

慢半拍的賜福

曾經，我得了某個獎項，其實，我一直覺得很好奇，也始終覺得自己的實力早在前一屆就應該足以拿下那個獎了，爲什麼慢了？意義在哪裡？彷彿我在這件事上被上帝給刻意擋了那麼一下。

很多人誤以爲我一路唸書都很順利，其實，我博士班考了三次才考上。曾經我也納悶：「如果都要讓我唸，爲什麼不乾脆讓我早一點考上呢？我第三年的實力並沒有比第一年好，主要還是考運的問題，爲什麼不讓我早一點考上？」

當然，這一切結果我總歸還是高興、感恩的，只是仍不免有些小疑惑。後來在一次禱告、交通的過程中，我彷彿聽到上帝回我一句：「孩子，這些東西如果讓你早一點得到，你確定你已經準備好自己了嗎？」

「如果那個獎讓你早一點得到，以你當時的年紀與成熟度，你會開始驕傲、軟弱，反而會變成阻礙你進步的絆腳石。」

「如果讓你第一年考上博士班，你可能會考上一個不適合自己性格的博士班，會唸得很痛苦。」

我頓時豁然開朗，心中湧出另一種更大的、說不出的感恩與體會。

我不喜歡「等」，可是藉由那次的領受後，我開始學會從另一個角度去看待上帝那些「慢半拍的賜福」，去看待那些看似疏忽、誤點的賜福，因爲，我知道上帝必有祂看得更遠的考量。

您偶爾也會感慨生命中那些「慢半拍的賜福」嗎？很多時候上帝是刻意要慢半拍的，爲了讓您我生命的這首曲子，能更加動聽。

信心與心情

以信心為根基，可以發現更多喜樂的花蕾。

~司布真

我心靈得安寧

當我心情浮躁的時候，我喜歡聽一首名爲《我心靈得安寧》的詩歌。

它的歌詞是這樣寫的：

「有時享平安，如江河平又穩，有時憂傷來似浪滾，
無論何處去，我已蒙主引領，
我心靈得安寧，得安寧。
我心靈得安寧，我心靈得安寧，我心靈得安寧，得安寧。」

這首詩歌的背後有一個感人的小故事：

一八七一年大火吞噬芝加哥，史巴福的財物被燒得精光。兩年後他爲了重振事業，把妻子和四個子女送返歐洲故鄉。史巴福太太帶著僅有的財物與四個孩子，搭乘郵輪準備由美洲返回法國，不料六天之後，郵輪與另一艘船相撞！四個孩子均不幸遭到滅頂。

唯一生還的史巴福夫人用電報將這事告訴了史巴福先生，人在美國芝加哥的史巴福先生接到消息後，難過得不得了！在傷痛之餘，

身為基督徒的他，嘗試藉著信仰的力量，漸漸走出陰霾，漸漸平撫了情緒。

事後，善長音韻的史巴福先生，便將他一路走出傷痛的感觸，寫成了一首歌，並填上詞，就是你我今日常聽到的這首《我心靈得安寧》。

一百多年來，這首老詩歌被傳到世界上的各個角落。正因為這首詩歌是史巴福先生藉由信仰走出痛苦後所流露、抒發的創作，是他的親身經歷所譜寫出來的歌曲，因此，每當有人處於痛苦、絕望、失意中時，這首詩歌就特別能同理、觸動、醫治人們的心。

如果您有朋友、家人也正處在傷痛中，歡迎您也找機會將這首《我心靈得安寧》的詩歌介紹給他（她）。

天父沒有給基督徒特權，沒有免去基督徒的苦難、逆境，信了耶穌，您一樣會有苦難與試煉。天父並沒有給基督徒「苦難豁免權」，所不同的是，天父給了基督徒在苦難中享有「平安」的權利！

親愛的朋友，在這個多變的世代，人們所渴望的，不就是一份平靜、安寧的感覺嗎？您也期待那份「平安」嗎？只要您願意，天父要免費送給您。

信心與心情

我留下平安給你們；我將我的平安賜給你們。我所賜的，不像世人所賜的。你們心裡不要憂愁，也不要膽怯。（約翰福音十四章27節）

怒火中「消」

我很喜歡一個猶太民間的傳說，講到亞伯拉罕有一次邀請一位無神論者到自己住的帳營中餐敘，但不料他卻開始大肆批評亞伯拉罕所信仰的上帝。亞伯拉罕愈聽愈生氣！便氣急敗壞地下了逐客令。

那天晚上，上帝在夢中向亞伯拉罕顯現，半揶揄地說：「這個人我已經忍受了他幾十年了，我都沒有發怨言，你怎麼才跟他相處了幾十分鐘，就氣到失態了呢？」

我很喜歡這個故事，每當我在工作中碰到一些令我氣急的人時，我都會告訴我自己：「這個人上帝已經忍受了他幾十年了，怎麼我才跟他相處了幾十分鐘，就受不了了呢？」

這麼一想，立即寬心了許多，原本「怒火中燒」的情緒，頓時轉變爲怒火中「消」。可不是嗎？這個人我最多只要忍他（她）幾十分鐘，最多幾十個小時，但上帝卻已忍了他幾十年了！幾十年祂都有耐心忍受得了，我怎麼連幾十分鐘都忍受不住呢？想著想著，氣就消去了一大半。

下次當您怒火中燒時，不妨也試著從這個角度去想想，「怒火中燒」馬上就會怒火中「消」。

信心與心情

想左右天下者，必先能左右自己。

~蘇格拉底

大智若「娛」

近年來，我發現必須忙碌的人可分爲兩種：

第一種，成天忙得暈頭轉向，常可見他被事情給逼得氣急敗壞、面色凝重。如果您去關心他，他非有一肚子的苦水要跟您吐不可。而這其實也都是人之常情。

第二種，就不太一樣了！一樣有許多事得忙，但卻似乎游刃有餘，若近距離與他接觸，甚至可意外感受到他在忙碌中幽默、詼諧，或者是豁達的一面。去問他爲什麼，他可能會說：「開開心心是工作一天，憂憂愁愁也是工作一天，爲什麼不選擇開開心心的呢？」「既然要做，就要喜歡自己的工作。」

面對忙碌的工作環境，第一種人其實並沒有錯，但，我更欣賞後者。

第二種人我個人稱之爲「大智若娛」型的人，因爲他們明明每天的時程表排得滿滿的，明明職務多得不得了，但就是可以忙得彷彿像在「度假」一樣快樂，忙得猶如像在「娛樂」一樣愜意，這樣的智慧實在值得學習。如何能工作得像休閒？如何能忙碌但沒有怨言？我們至少可以有三種態度值得去學習：

．要能認同、肯定自己的角色與價值：

許多人的不快樂來自於不喜歡，甚至是看不起自己的工作角色，其實在上帝眼中，每一種工作都是有其價值與意義的。

．要能挖掘、享受這份工作中獨特的趣味與成就感：

每一個工作都必有它有趣的一面，您都是看它無聊的一面？還是看它有趣的一面？您懂得在忙碌的工作中製造樂趣，累積成就感嗎？

．忙，也懂得交託：

許多人忙到愁眉苦臉，爲什麼？因爲得失心太重。學習凡事交託，相信上帝必會有最美好的安排與帶領，那麼人人的心情都可以很輕鬆、愉快。

一個有辦法把忙碌的工作做得像在娛樂一樣的人，那才是眞正的有智慧。

現代人生活壓力大，工作事務雜，面對這個過動、快節奏的社會，幾乎每個人都很忙碌，您我究竟是一個「愁眉苦臉」的忙碌者，還是一個「大智若娛」型的忙碌者？端看您我能否認同、肯定自己

的角色與價值，能否挖掘、享受工作中獨特的樂趣與成就感，並有凡事交託的智慧。如此一來，您也可以忙得很快樂。

信心與心情

不要把生命看得太嚴肅，反正我們不會活著離開它。

～亨利・福特

簡單生活，生活減擔

我很喜歡一個小故事，講到有一個大家閨秀家的院子裡準備鑿口井，她看著正在開鑿中的井，想到：「怎麼辦？鑿了這井會不會破壞風水？怎麼也不先請風水師來看一下呢？而且鑿這井多危險啊！如果幾年以後我成了親，生了孩子，回娘家的時候，小孩子一定會很喜歡在院子裡玩，這口井這麼深，萬一他一不小心跌下去了沒人看到，那該怎麼辦？」

這個小姐愈想愈焦急，愈想愈憂鬱，結果井都還沒鑿成，她就擔憂得一病不起了！

故事中的這位小姐，其實正是現代人的寫照。「擔憂」這兩個字在現代化的都市生活中，還眞是普遍！而且奇特的是，現代人往往不是爲了生存擔憂，而是爲了面子擔憂。許多人拼了命地要擴充自己所穿戴的「行頭」，爲什麼？因爲怕被別人給比下去；許多人急欲想討好身邊每一個人，爲什麼？因爲他們太在意每一個人的看法。

很多時候擔憂過了頭，把事情給想得太多，太過，太複雜，太權謀，不但達不到預期的果效，反而徒增壓力與煩惱。若是單純一點，簡單一點，反而會讓一切更上軌道。

我很喜歡聖經上的一句話：「耶和華所賜的福使人富足，並不加上憂慮。」（箴言十章22節）

現代人常會想太多，算計太多，無形中弄得猶如千斤重擔在心頭。其實，若能讓生活、想法「簡單」一點，不要過度擔心世俗的評價與別人的眼光，才是讓生活「減擔」的最有效法門。

您常覺得生活中有許多的重擔嗎？想一想，是否有些心頭重擔其實是肇因於自己想太多？在意太多了？想法「簡單」一點，才能讓生活「減擔」。

信心與心情

心地純淨的人，生活充滿甜蜜與喜悅。

~托爾斯泰（俄國文豪）

清心．寡「鬱」

有個商場新貴，一心想要出人頭地，卻也整天被繁瑣的工作給弄得憂悶、煩躁不已。這天，他選擇到一個漁村去渡假，希望能讓自己透透氣，舒緩一下情緒。

在港口散步時，他看到了一個老翁正翹著二郎腿，一派輕鬆地釣著魚。望著老先生桶子裡寥寥無幾的漁獲，年輕企業家忍不住問這位老先生：「先生，您怎麼不認眞點釣魚呢？」

老先生回問：「怎麼說呢？」

年輕企業家接著說：「認眞點釣，您就可以釣到更多的魚！」

老先生問：「然後呢？」

年輕企業家說：「然後您可以有更多的收入，就可以買艘小船，划到更遠的地方去釣更多的魚。」

老先生又問：「然後呢？」

年輕企業家說：「這樣您會有更多的漁獲量，可以換艘更大的船，捕更多的魚。」

老先生又問：「然後呢？」

年輕企業家動起了他那善於規劃的頭腦，又說：「好好經營下去，說不定您還可以多買幾艘船，組一支船隊，雇人到更遠的地方去捕更多的魚。」

老先生又問：「然後呢？」

年輕企業家得意地說：「然後，您就可以每天輕鬆地坐在岸邊，享受著舒服的海風，愜意地過日子了。」

老先生望著這位年輕的商場新貴，笑了笑，說：「先生，您看，我現在不就已經正輕鬆地坐在岸邊，享受著舒服的海風，愜意地過我的日子了嗎？」

年輕企業家聽了頓時啞口無言，恍然大悟。

很多時候，我們是否像故事中這位年輕的企業家一樣，想得太多，要得太多，以至於看不見近在眼前的幸福？這，是否就是造成現代人鬱鬱寡歡的因素呢？

世界衛生組織（WHO）將「憂鬱症」與癌症、愛滋病並列為二十一世紀影響人類健康的三大疾病，足見憂鬱的情緒對人心、社會所可能造成的影響之大。

我很喜歡一句話——「清心的人有福了。」故事中那位憂悶的企業家，以及那位無憂無慮的老先生，兩者形成有趣的對比，關鍵就在「清心」。

人只要懂得「清心」，就能「寡鬱」，只要凡事別想得太多，別強求太多，憂鬱的情況就會自然而然地減到最少。

您是一個懂得「清心」的人嗎？問題的答案決定了您我平時鬱悶的指數將有多少。

信心與心情

人生在世，必須善處境，萬不可浪費時間，作無益的煩惱。～馬克．吐溫

吃飯，是一種靈修

家父生前是一位牧師，是以我從小有機會讀遍《聖經》中有名的故事，很有趣，這些故事中有許多場景都跟「吃飯」有關，有信仰的人難道不該有點不食人間煙火的風骨嗎？難道上帝這麼看重吃飯這檔子事嗎？甚至包括耶穌，他的許多經典事蹟也跟吃飯的場合有關。

其實「吃飯」還不容易呢！小的時候，覺得吃飯就是吃飯，長大之後，慢慢體會到了，吃飯，可以是一種「靈修」！而且還是一種做中學、做中思的靈修。

吃飯的時候，可能有分工的問題，讓我們省思到協調與互爲肢體的眞諦；

吃飯的時候，可能飯桌上有你不喜歡的人，挑戰我們如何實踐愛與饒恕的功課；

吃飯的時候，飯桌上可能有令你瞧不起的人，考驗我們能否活出謙卑並跳脫世俗框架；

吃飯的時候，可能有人會要你吃或喝不適合的東西，讓我們省思如何落實婉謝但不得罪人的藝術；

吃飯的時候，席間可能有人談起令你不快或尷尬的敏感話題，考驗我們說話與反應的藝術；

吃飯的時候，有各種飯桌禮節與倫理，考驗我們的教養與進退。

吃飯，其實在出了社會之後是一門學問，也是一種靈修，考驗一個信徒的生命，挑戰一個信徒能否再思並落實許多聖經上的教導。我也發現：一個基督徒出了社會之後，如果能吃飯吃得好，那麼他通常也會是個不錯的基督徒。

吃飯，是一種靈修，特別是吃某些可能你不想吃但又不得不吃的飯，這種飯局有時不見得是上帝在爲難我們，反而可能是祂在幫助我們再思並活出自己的信仰。不知是否如此，耶穌當年總帶著門徒四處吃飯。

祝福大家吃飯愉快，越吃越成熟，越吃越能省思、體悟所信的道。

信心與心情

並且人人吃喝，在他一切勞碌中享福，這也是神的恩賜。～所羅門王

PART 2

信心，是一把梯子

它可以讓你的價值愈爬愈高

相信自己存在的價值與潛力，
提升自己的成就與價值。

勞者多能

管理領域中一個名為「馬太效應」的通俗理論，典故其實是來自於聖經中的一則寓言。

故事內容敘述一個財主在外出經商前，分別將五千兩、二千兩、一千兩的銀子分給三位僕人管理。後來，得著五千兩與二千兩的僕人善用這些資本，拿著這些銀子分別賺了等值的金額；但那個拿到一千兩的僕人卻只是把銀子埋在土裡，完全沒有用作他途。主人回來後，對那兩位已經擁有一萬兩、四千兩的僕人大加讚賞，又多加給他們許多賞賜。最後，聖經用一句話為那兩位用心經營而得賞賜的僕人下了註解：「凡有的，還要加給他，叫他有餘。」

這寓言中的銀子乃比喻每個人的天賦、能力，每個人或多或少都有各種天賦和能力，您怎麼看待自己所蘊藏的潛力？是「埋在地裡」？還是「積極管理」？當您我愈肯用自己的天賦，愈肯用心經營、栽培自己在某方面的能力時，我們所擁有的就會愈來愈多。

我們常喜歡講「能者多勞」，但若從馬太效應中的因果關係來看，這個成語其實該反過來，講成「勞者多能」了！意即當一個人愈肯付出時，天父就愈會使用他，愈加倍給他能力。

我曾親眼見過許多這類的例子，有一位男士本來完全不會寫文章，因爲他肯擺上、肯付出，他的筆後來就成爲許多人的祝福；有一位女孩本來只有粗淺的音樂基礎，也因著願意用心努力、經營，後來音樂竟成了她的專業。關鍵就在信心與付出。

中國成語最忌錯用或調換字詞的排序，但，我們若把「能者多勞」給講成「勞者多能」，卻似乎也別有一番味道，您說是嗎？

信心與價值

每一個人都是自己命運的建築師。

~沙拉斯特

沒有名次的考試

蘇士沙是一位猶太賢者，在他晚年的時候，有人問到他對人生的看法，他回答說：「如果有一天我到了天堂，我可以很坦然無懼地面對上帝。因爲祂不會問我：『你爲什麼不是亞伯拉罕？』也不會問我說：『你爲什麼不是摩西？』『你爲什麼不是大衛王？』祂只會問我說：『你爲什麼不是蘇士沙？』『你有沒有用我賜給你的一切，做好蘇士沙該做的事？』任何人只要能把自己的角色給扮演好，在上帝眼中都是一樣寶貝的。」

我很喜歡這個故事。有人說：人生像一場考試。的確，但如果人生是一場考試，我想那會是一場「沒有名次的考試」，因爲上帝不會拿你（妳）跟別人比較，上帝只會問你（妳）有沒有做好你（妳）分內該做的事。

我們所處的世界似乎很愛比較：作父母的愛比較子女的成就；上班族比較升遷；同儕間愛比較學歷、頭銜；就連小孩子也免不了被父母拿出來跟鄰居的孩子比功課。種種和別人比較的壓力，常讓人猶如重石壓心頭。

親愛的朋友，在這個世界上，只有上帝祂永遠不會拿你（妳）跟別人比較！因爲在祂的眼中，任何人只要做好分內之事，都是一樣傑出！一樣優秀！

人生，是一場沒有名次的考試。想一想：如果上帝都不會拿你（妳）跟別人比了，又何必自己給自己太大的壓力呢？

信心與價值

在神的大天地裡貢獻最大的人，是在自己的小天地裡做事忠心的人。～慕迪

余醫師是一位我所尊敬的前輩，認識他是我去高雄讀書的時候。當時我還是高醫的新生，他已在高醫擔任講師，算起來，他該是我的老師輩了！雖說如此，我卻鮮少看他在我面前擺出老師的架子，他還非常勤學，工作之餘仍一邊攻讀博士學位。

後來，他在醫院裡一路晉升到了主任職務。然而，前一陣子我卻突然在新聞上看到他準備辭去主任職務，因爲他即將前往非洲傳教！雖說余醫師並非打算一去不回，但爲何要選在此時，放棄他的主任職務以及大好前程呢？報導中摘錄了他的一段話：「如果我十年前去非洲宣教，當時我的經驗還不夠；如果我十年後再去非洲宣教，那時我的體力已不夠。現在，正是最好的時候。」

其實，醫療宣教一直是他的夢，也一直是他的使命，他早在很年輕時就有去非洲短宣的經驗。這一直是他放在心裡的夢。

好一句「如果我十年前去非洲宣教，當時我的經驗還不夠；如果我十年後再去非洲宣教，那時我的體力已不夠。」想想他過去幾年間所做的一切，再深思他的這句話，不禁讓我既汗顏又感動。

爲了圓這個夢，他花了多少時間來裝備自己？裝備自己的經驗，裝備自己的醫學知識，裝備自己的能力。

爲了圓這個夢，他犧牲了多少？又放棄了多少？犧牲了享受，放棄了主任職，也獻上了一個男人一生中最精華的中壯年時期。

他是這樣「負責任」地對待自己的「夢」！親愛的朋友，您又是怎樣對待你的夢呢？

每個人都有夢，都有願景，都有使命感。然而，您怎樣對待你的夢？

您有沒有開始好好腳踏實地裝備自己，讓未來的你有足夠的能力扛起這個夢？還是您只是寄望奇蹟，期待速成？

　　您有沒有心理準備，要爲這個夢作出某些犧牲？還是您其實從未認眞想過？

　　每個人都有夢，都有願景，都有使命感。您怎樣對待你的「夢」？您有沒有對您所懷抱的願景負上該負的責任？以上值得我們每個人深思。

信心與價值

機會總是臨到那些提早做準備的人。　～耶魯

後天才子

曾經有人在半公開場合要我爲「才子」二字下一個簡單的定義。說眞的，若要用兩、三句話簡單地回答這個問題，還眞不是件容易的事。

說到才子，有許多例子浮現在我的腦海中，有生活中親眼目睹的實例，也有聽聞的事例。

前些日子曾拜讀古希臘戴摩琛尼的事略。很少人知道這位千百年來享譽希臘的政治家、演說家，是一位天生發音不標準的男子，據說特別是當他發「R」音時，他天生的音調會極其難聽，甚至常惹人發笑，再加上他講話常上氣不接下氣，讓他在演說上遭遇極大的挫折。

他如何克服演說上的障礙呢？他常一個人跑到海邊大聲對著海講話，練習音量，有時站在銅鏡面前練習演說，注意自己的表情，調整自己的手勢，以求最好的表現。即便是這樣，他的演說仍舊失敗了不下百次。

但戴摩琛尼不灰心，據說他爲了要學習演說，還特別築了一間密室，甚至曾經故意剃掉半邊的頭髮，讓自己即便有興緻也不好意思出門，只好繼續躲在家裡，心無旁騖地在家練習演說。他苦心練習了數年，終於一鳴驚人，成爲一名永垂不朽的世界大演說家。這位「名嘴」是這樣被造就出來的。

類似的例子不勝枚舉。在我的觀念裡，這世界上的「才子」有兩種：

第一種才子是「天才」，是天生的才子，天生就具有過人的才氣，就像莫札特、徐志摩那樣的人。

第二種才子是「人才」，是靠後天培養出來的，也許不聰明，但有志向，肯專心，肯努力。

在這個世界上，「天才」可說是少之又少、十分稀有，也許我們都不是「天才」，也都不能改變我們的天賦，但只要我們有目標且肯專心，假以時日，人人都可以成爲「人才」。

就像古希臘的戴摩琛尼，後天的付出對一個人才能的養成有著極大的影響，也許我們都不是天才，都不是天生

的才子，但只要我們願意，只要我們有方向、肯專注，每一個人都可以成爲「後天才子」，激發、栽培自己潛在的天賦與才能。

這世上的天才實在不多，但期待有更多的「後天才子」，有更多的人才被養成，爲這個世代奉獻才幹。

信心與價值

人生的成功，不在聰明和機會，乃在專心和有恆。～俞忞

許一個「雙B」的人生

在台灣，擁有「雙B」似乎是成功的代名詞，如果一個人能夠出入開賓士、BMW的高級進口車，無疑他的事業成就是不容小覷的。

但若眞要講到「雙B」，我倒認爲有另外兩種B更能夠作爲成功人生的代名詞：「更好」(Better)與「平衡」(Balance)。

曾有一位老太太，在她六十八歲的生日派對上如此許願：「我四十歲學彈鋼琴（現在她老人家已可以在一家大教會司琴），五十歲學英文（她已可以用英文與外國人對話），六十歲學開車。現在我已經六十八歲了！如果上帝讓我活到七十歲，我一定開畫展。」多麼可佩的精神啊！一個人如果能督促自己進步，讓自己的人生「更好」，那將活得多麼有意義。

而在上進之餘，也要懂得「平衡」，社會上有許多學

者、富商，他們有了知識、財富、地位，但長期偏重於工作表現的同時，卻往往忽略了家庭，失去了友誼，失去了健康，喪失了人文素養。除了工作表現之外，其餘一無所有，這樣的人生算是成功嗎？恐怕不算，因爲這樣的人生相當「不平衡」。

專業固然重要，但如何在專業與休閒、家庭、涵養之間持守平衡，是更重要的課題。

擁有「雙B」是成功人生的代名詞，但眞正成功人生的「雙B」，應是「更好」(Better)與「平衡」(Balance)的人生。

懂得讓自己更好、更進步，懂得讓自己的專業與生活間找到平衡點，掌握住這兩個原則，才是眞正的成功人生，才會眞正讓人發自內心地稱羨、佩服。

信心與價值

如果你能想到，你就能做到。～迪士尼

用烏龜的精神作兔子

十八年前有一部詩集出版，作者是一位十五歲的國二腦性麻痺學生。平面媒體訪問了這位年輕人出書的心路歷程，他，竟是用「膝蓋」來寫書。

接生過程中因缺氧而導致腦性麻痺的他，不願意讓生命就此消極地白白度過，在母親的鼓勵下，熱愛寫作的他決定寫些東西。但他全身肌肉張力不穩定，只有膝部較爲穩定，於是家人要求復健師爲他量身訂作了一套可用膝蓋控制的寫字科技輔具，他就這麼藉著輔具的幫忙，用膝蓋一個字一個字地「敲」出了一本書。

我很少有收集新聞資料的習慣，但這則平面報導卻讓我忍不住將它保存下來。

我們很少會覺得自己的人生有怎樣特別的優勢，但相對那些身有殘疾、行事吃力的人們，我們這些好手好腳、四肢健全的正常人，相較之下都算是「兔子」了！然而相對於某些動作遲緩的「烏龜」們，一般正常人的表現與效能似乎反而遠遠不及他們。

想一想您我過去的日子與表現，如果一個年僅十五歲的腦性痲痺兒都可以用膝蓋寫一本書，我們是否太過安逸？是否花太少氣力去經營、激發自己的天賦與潛力了呢？

每個四肢健全的人都是「兔子」！當某些行事吃力的殘疾之人對生命展現出積極的經營熱情與活力的時候，我們是否懂得「用烏龜的精神作兔子」呢？

身體健全不是理所當然的，而是一種恩典，一種福分。我們領受從上帝而來的恩典與福氣時，我們又該如何回應上帝這份「看似平凡的恩典」？用烏龜的精神作兔子，是每個健康人該有的生活態度。

信心與價值

那些最有希望成功的人，並不一定是才幹出眾的人，
而是那些最善於利用每一時機，去發掘開拓的人。

～蘇格拉底

優質的**大男人主義**

大，可以是一個很美的形容詞，不過當這個形容詞後面再加上男人兩個字，似乎就不怎麼討喜了，因爲我們的文化賦予「大男人主義」許多負面的意義，包括脾氣大、自滿、獨斷、聽不進建言等等，但我覺得這都是「劣質的大男人主義」。其實，「大」字可以是很正向的形容詞，當「大男人主義」已成爲負面的代名詞時，男性同胞們能否將「大」這個字往正向發揮，培養出另一種「優質的大男人主義」？

爲什麼我說：大，可以是很美的形容詞？我覺得這個字至少可以有幾種正面的含意：

・大，可以是代表「視野」：

人要學習「看得遠」，要懂得對未來的日子做有意義的規劃。我喜歡摩西的禱詞：「求你指教我們怎樣數算自己的日子，好叫我們得著智慧的心。」找到自己人生努力的大方向，在生涯規劃的拿捏、取捨上，就會顯出智慧來。

・大，可以是代表「格局」：

人要學習「看得廣」，不是只以自己有限的經驗與觀點去任意批評，而是能學習以不同的角度去看一件事。想一想，社會上多少的衝突與對立，不都是當事人缺乏格局所導致的嗎？

・大，可以是代表「氣度」：

人要學習「看得開」。人，最糟糕的就是「小家子氣」，小心眼地跟人比較，小心眼地記仇，不願忘記別人得罪過自己的地方，不願意承認別人比自己強。一個沒有氣度的人，不但自己活得痛苦，就連跟他一起生活的人的情緒也常會受到波及。

如果一個「大」男人是因爲其視野、格局、氣度而得以稱之大，那麼這樣「優質的大男人主義」實在值得培養。

大，其實可以表現得很美好、很正向。

信心與價值

在希望裡有極大的力量，使我們的志向和夢幻成為事實。～馬爾頓

不可叫人小看你年輕

一位老先生上街買了支新蠟燭，在回家的路上，蠟燭疑惑地問老先生：「老先生，你把我買回去要做什麼呢？」老先生說：「我要把你放在燈塔上，給海面上的船隻做指引。」原來，這位老先生是燈塔的管理員。

蠟燭聽後嚇了一大跳，急忙地說道：「不行啊！我只是一支小蠟燭，我的光芒不夠亮，不可能給海面上的船隻做指引，你肯定找錯對象了！」

老先生只是微笑著，沒有說話。到了晚上，老先生帶著蠟燭到了塔頂上的小房間裡，那是一個特別設計過的小房間，裡頭四面八方全都是鏡子。

老先生把蠟燭放在房間中心，點燃了它。奇妙的事發生了，蠟燭微弱的光經過鏡子一再地反射後，形成多道光芒，照向海面。蠟燭看了驚訝得說不出話來。那天夜裡，許多海面船隻上的水手們看著由塔頂所折射出的光芒，紛

紛露出了感激的笑容。

故事中的蠟燭偉大嗎？蠟燭不偉大，它微小極了！然而當它肯將自己交在老先生的手裡，經過老先生的精心安排後，即便它本身微不足道，卻也能成就大事。

今天，上帝也要用您！可能我們也會像故事中的小蠟燭一樣，會說：

「不行！我只是一個年輕人。」

「不行！我的學歷不夠高。」

「不行！我的名望還不夠。」

「不行！我不夠有才華。」

「不行！我的聰明才智非常有限。」

然而，就像故事中的蠟燭一樣，只要我們肯將自己交在上帝的手中，順從祂的帶領，一樣可以成就大事。關鍵不在我們本身的條件，乃在於一顆交託的心。

我很喜歡聖經上的一句話：「不可叫人小看你年輕。」

您願意讓自己成爲別人生命中的祝福與幫助嗎？也許我們

生來都不偉大，但我們仍舊可以把自己微小的光芒交託給上帝來使用，必定會有意想不到的驚喜與感動。

信心與價值

不信的人只看見困難，信的人看見自己和困難之間還有上帝。～戴德生

善良成大器

在一家皮鞋店裡，有兩個小學徒，學徒甲看見學徒乙在做鞋子，便告訴他：「做皮鞋的時候，最好先把皮革放在水裡泡一下。」

學徒乙聽了很疑惑，問：「爲什麼要這樣呢？」學徒甲神祕地說：「這是一種技巧，因爲泡過水的皮革所做的皮鞋比較容易壞，這樣顧客就會比較常拿回來修理，我們的生意就會比較好。」

學徒乙沒有接受這樣的意見，繼續老老實實地做鞋子。二十年之後，學徒甲還在那家鞋店裡當雇工；而當年的學徒乙，因爲良好的製鞋品質以及誠懇的工作態度，得到了極佳的口碑，不久後就自己開了間皮鞋店，成爲一位小有名氣的鞋匠，連其他鄉鎮的居民都慕名而來，指名要買他的鞋子。

我喜歡與人分享一個正確的奮鬥價值觀——善良成大

器！

一個喜歡投機，搞小動作的人，也許能獲得短暫的利益，但長遠下來終究要被人看透；相反的，一個善良、誠懇的人往往能獲得自助、人助與天助。

．善良的人能得「自助」：

一個良善、不投機的人必能因著他的腳踏實地，而在自己的專業領域內培養出良好的底子。這是助其日後成大器的第一個有利因子。

．善良的人能得「人助」：

一個良善、誠懇的人不會用小動作去害人，也許一時之間討不到便宜，但長久相處下來，旁人必會因他的誠懇與良善而給予肯定、支持，形成一股無形的資產。

．善良的人能得「天助」：

《聖經》中有好幾處提到「你父在暗中察看，必然報答你」這句話，就連台灣俗諺也講「天公疼好人」。善良的人易得「天助」，我相信只是時間早晚的問題。

所以我說：善良成大器！

當我們看到許多政治人物的醜陋、投機言行，進而對這個社會感到失望、灰心的時候，千萬不要絕望，其實只要持守住「善」的部分，善良，也可以成大器！而且會讓您我成功得更心安理得。

信心與價值

有操守無知識的人，軟弱無益；有知識卻無操守的人，危險可怖。

～林登・詹森（美國第卅六任總統）

讓愛你的人以你為榮？

曾有人問我：「你覺得一個男人最大的成就是什麼？」當時，我的回答是：「一個男人最大的成就，就是讓愛他的人以他爲榮！」

也許這不是一個最標準的答案，然而，我覺得從某個角度來看，任何一個人（無論性別）最大的成就，不都該是讓大多數愛他的人（父母、配偶、子女、親友……）以他爲榮嗎？

如果一個人活在世上，可以讓所有愛他的人一提起他都感到與有榮焉，那就不虛此生了！

曾經讀到一個故事，令我產生很大的省思，內容敘述一名記者訪問某美國總統的母親時問道：「老夫人，您一定非常以您的兒子爲榮吧？」

老母親說：「是啊！」

之後又接著說：「不過，我有兩個兒子，一個在當美國總統，一個在家鄉種田，這兩個孩子同樣讓我感到光榮，不知妳要問的是我哪一個兒子？」

這眞是一個很溫馨的故事。

一個是美國總統，一個是農夫，但看在愛他們的老母親眼裡，兩個兒子都值得她驕傲。

爲什麼那個種田的兒子，一個相對較平凡、平庸的孩子，也可以讓母親感到「同樣的」引以爲榮？我相信，那必然因爲他是一個愛家人、品格好的男人。因爲他愛家人，愛親友，愛衆人，肯爲旁人付出，且人品端正。所以，即便他沒有受到世俗肯定的大成就，但這樣的人一樣會讓家人感到光榮。

原來，要讓父母、配偶、子女、親友引以爲榮的方法有這麼多種……。

親愛的朋友，想一想，您是一個能夠「讓愛你的人以你爲榮」的人嗎？您要如何才能夠讓愛你的人以你爲榮呢？這值得您我一同深思、咀嚼。

信心與價值

我們努力工作不該只是為了更多的酬勞，該是讓自己的人生更豐富。～哥倫比亞

下一盤人生的好棋

傳說中，象棋源起於中國北周武帝年間，到了宋朝，象棋的規則經過改良，發展得更全備。而到了明朝，士大夫、文人更將象棋視爲一種高深的學問，甚至是一門藝術。二十一世紀的今天，仍有許多人以下象棋爲樂，甚至認爲可以促進思考能力，防止老化。

您喜歡下象棋嗎？中學以前的我很喜歡棋藝，但隨著接二連三的升學壓力，這項休閒也就悄悄地淡出了我的生活。有時回想起來，會覺得人過一生，就好比下一盤棋，有的人下得好，有的人卻全盤皆輸。

您期待下一盤人生的好棋嗎？《聖經》裡有三個貼心的小建議，您我不妨參考：

・要懂得棋子的優先順序：

聖經上說：「人就是賺得全世界，賠上自己的生命，有什麼益處呢？」（馬可福音八章36節），失去了生命，

好比一盤棋裡失去了「將」，剩下再多的「車」、「馬」、「砲」……也是枉然！擁有再多的權勢、名聲、金錢……也挽不回！親愛的朋友，當世俗所擁護的價值、觀念，與生命中最重要的事物相抵觸時，您有「棄車保帥」的智慧嗎？

．多預想兩、三步棋路：

聖經上說：「殷勤籌劃的，足致豐裕；行事急躁的，都必缺乏。」大至選科系，找工作……，小至待人處世，生活細節……，不妨多預先設想個兩、三步，殷勤籌劃，千萬不要不加思索地輕易下決定。人生如棋，一個「下一著方想一步」的人，會表現平平也不足爲奇了。

．保持應有的君子風度：

下棋時，比實力，也比風度。人生不也如此嗎？一個人的價值不只在於他的成就，也在於他的修養與氣量。聖經上說要「溫溫和和地待眾人」（提摩太後書二章24節），並形容「不輕易發怒的，勝過勇士。」（箴言十六章32節）您的氣度，將決定了您生命的高度。

懂得棋子的優先順序、多預想兩三步棋路、保持應有的君子風度，是下好人生這盤棋所不可或缺的智慧，讓我們互相砥礪，期待您我都能下一盤人生的好棋。

信心與價值

我們活多長關係小，但怎麼活關係大。 ～巴粟

小提琴物語

小時候曾經學過一段時間的小提琴。還記得當時拉琴最辛苦的事就是架琴跟拿弓，每一次練琴，我的手都會酸得不得了！我永遠記得功學社教琴的老師總會這麼告訴我：「小朋友，手拿小提琴弓的姿勢是很放鬆的，如果你發現手拿弓拿得很痛苦，那就一定是你拿弓的姿勢不對，才會這麼吃力。」

那年我才六、七歲，坦白說，這種話對一個小孩子而言，根本聽不進也聽不懂。

當然，後來我的小提琴塵封了許久。直到長大以後，我才又有把琴拿出來練習的念頭。一開始練琴，手拿起弓來就跟小時候一樣吃力！但練了一段時間後，我慢慢地抓到了訣竅，居然也漸漸能夠嘗到那種手輕輕鬆鬆地拿著弓拉完一首曲子的舒適感。

有的時候，當我工作做得很鬱悶，或當我爲人服務卻不太喜樂，甚至當我被工作、服務上的事氣到就快要歇斯底里時，我固然可以爲自己找出千百種合理的生氣理由，但我腦海中總會浮現當年老師說的那句話：「如果你發現手拿弓拿得很痛苦，那就一定是你手拿弓的姿勢不對……。」

可不是嗎？上帝的大能本來就是要使人喜樂，我們應當自我提醒：

「如果你發現生活很苦悶，那一定是你生活的方式不對。」

「如果你發現工作得很痛苦、無意義，往往是自己面對工作的態度不對。」

「如果你發現自己爲人服務卻對人產生怨懟，一定是你的心態需要改變。」

如果我們能夠用一種更柔和，更謙卑，更單純，更像耶穌言行的「榜樣」來面對自己的生活、工作與服務，我相信當您演奏屬於自己的生命交響曲時，就比較不會拉得

這麼痛苦，這麼吃力。

「如果你發現手拿弓拿得很痛苦，那就一定是你拿弓的姿勢不對。」想不到這句話沒有成就我的琴藝，卻成爲我生活、工作、爲人服務時的最佳醒語。與您共勉之。

信心與價值

真正的信心，所表現出的是謙卑，而不是自大。～愛因斯坦

另一種宣教

有一位男子受邀參加一場連續舉行三個晚上的佈道會，到了第三天晚上，講員呼召願意相信者時，向來無動於衷的他竟然走向了台前，表示自己願意接受這份信仰。

他的朋友們很開心，非常想知道他這三天來有了什麼收穫。他卻表示：「今天我之所以會被打動，最主要的原因並不是因爲牧師講道的內容好，也不是教堂裡優美的琴聲、歌聲感動我。」

「那到底是什麼事讓你感動、打開心門的呢？」他的朋友很好奇地問。

他說：「我在今天晚上來的路上，看到隔壁街的一個鄰居正默默地幫助一個受了傷、神智不清的人，那個人，是平時在村裡常欺壓他的人。這一幕讓我看了好感動！我知道我那隔壁街的鄰居是個基督徒，我因此被這份信仰打動。」

原來，眞正令那位男子感動的關鍵因素，不是講道、詩歌，而是一個鄰人愛心、寬恕的見證。可不是嗎？信仰最可貴的不是

您我講了多少，唱了多少，信仰最可貴的是您我在生活中能活出多少，實踐多少。

不能成爲生活的信仰不是信仰，想一想：您我能否在生活中活出愛心、寬恕，以及樂觀、勤奮、良善、溫和、交託……的見證呢？佈道、詩歌、開拓教會……固然是一種宣教方式，但在生活中活出美好的見證，用生命來影響生命，亦是「另一種宣教」。

在生活中，您是一個有見證的人嗎？您有讓人因您而見到這份信仰的美好、寶貴嗎？宣教工作非僅限於上山下海或遠赴異鄉，只要您在自己的生活崗位上活出好行爲，您也可以是一個「辦公室裡的宣教士」、「教室裡的宣教士」、「朋友間的宣教士」……，您說是嗎？與您共勉之。

信心與價值

你們的光也當這樣照在人前，叫他們看見你們的好行為，便將榮耀歸給你們在天上的父。

（馬太福音五章16節）

品格，是一種魅力

幾年前在學校裡負責教一門醫療倫理的課程，恰巧當時鄰近的長庚大學醫學院發生了一件與醫療倫理息息相關的有趣新聞，令人拍案叫絕、印象深刻。

根據新聞媒體報導，該校在甄試入學口試前，教授們以單面鏡觀察考生在等候室中的情形，並刻意安排人喬裝成身體不適的工友，測試學生們的反應。後來，那些表現出對人漠不關心的學生，通通不予錄取。

原本制式化的甄試入學測驗，竟可配上如此巧思，實在讓人欽佩。很顯然，在該校醫學院老師們的心目中，學生的品格遠比資質要來得重要。

這則新聞讓我聯想到《聖經》中的一段歷史故事，記載巴比倫帝國的尼布甲尼撒王任用了一位名叫但以理的猶太人作宰相。用一個異國人作宰相實在不常見，國王會這麼做一定有其原因。根據文獻記載，這位被國王重用的但以理，是一個「品德高尚，

不做虧心事」的猶太人。看樣子，不單是長庚大學醫學院的老師們甄選學生時首重品格，就連活在幾千年前的尼布甲尼撒王，在用人選材時也擋不住那發自品格的「魅力」。

品格，是一種魅力。我們常會羨慕某些人可以平步青雲，但我們可曾捫心自問：自己的品格是否夠好到讓別人「敢」重用你？自己的品格是否夠好到讓別人覺得值得提攜你？自己的性格是否夠成熟到讓別人願意把重要的事情託付給你？

近年來社會上所發生的一連串亂象，讓人覺得這彷彿是一個沒有希望的社會，是一個水清無魚的社會。然而，我喜歡與人分享聖經上的一句話：「你要保守你心，勝過保守一切，因爲一生的果效是由心發出。」持守住自己的品格，不隨波逐流，將來必會有意想不到的驚喜與感動。

信心與價值

行正直路的，步步安穩；走彎曲道的，必致敗露。

～所羅門王

上帝的馬賽克

我已經聽過好多朋友分享過這樣類似的經驗：

他們曾經各有夢想，但這個夢想卻破碎了，他們難過到無語問蒼天。然而幾年後，原先落空的夢想卻促使他們走向另一條成功的路。也有人的生命曾經受到重重的打擊，他們原先的尊嚴、自信幾乎被擊潰，但這樣的經歷卻使他們蛻變出更高尚的品德，成爲一個沒有驕傲，沒有身段，且待人處世極有同理心的人。

每每聽到上述類似的經歷，我總會聯想到「馬賽克」藝術創作。

這是一種非常細膩的手工藝創作。首先，需要先拿出一張張的色紙，再花時間徒手將色紙撕成一片片如紙屑般的方形小碎片，之後再小心翼翼地拿起那些碎色紙，有計畫地在白紙上黏成一幅美麗的圖畫。

這樣說起來，上帝該算是這世界上馬賽克藝術創作的「第一把交椅」了！許多人都曾覺得自己的生活、尊嚴、夢想，就好像

那一張張的色紙，就這麼被上帝給撕碎了！撕得破碎不堪，彷彿成了廢紙屑一樣。我們不明白爲什麼會這樣？而當我們正感到氣憤、不解時，上帝又把我們那看似廢紙屑般的破碎生命給一塊塊拿起來，細心地貼成一幅美麗的圖畫。

「破碎」常是上帝賜福的必要步驟，祂常藉由一些挫折、失敗、打擊來撕碎我們的驕傲，撕碎我們的舊性格，撕碎我們的原先的規畫，爲的是要將我們重新拼黏出更好的成就，或更高尚的品德。

親愛的朋友，您曾埋怨自己的人生被上天給弄得破碎不堪嗎？先別著急，當我們覺得美夢破碎的同時，說不定祂正小心翼翼地拿起我們那些已被撕成小碎片的夢想，有計畫地再拼黏成另一幅美麗的圖畫呢！

信心與價值

真正的信心，必定帶進順服，有了順服，必然帶來祝福。～佚名

架子與價值

最近看到一位學者分享的話，讓我感觸良多，他說道：

「當我以為我什麼都懂的時候，學校頒給我學士學位；當我覺得自己一知半解的時候，學校頒給我碩士學位；當我發現自己竟是如此孤陋寡聞的時候，學校頒給了我博士學位。」

可不是嗎？當人愈謙卑的時候，愈會發現自己有所不足，就愈會懂得放下身段虛心求教，本身所學到的東西也就愈多。那位學者所分享的話與日本諺語所講的「愈熟的稻穗頭垂得愈低」有著異曲同工之妙。而當一個人愈懂得謙卑的時候，不單本身能獲益更多，也更能讓人發自內心地欽佩、敬重。

是以，有的人很喜歡擺「架子」，但所講出來的話卻不見得有智慧，在眾人心目中也不見得是個討喜的人物；有的人沒什麼「架子」，但講出來的話卻極富內涵，隨和的態度更贏得了人們發自內心的尊重。

看來，「架子」與「價值」有時反而是對比的，關鍵就在一

顆謙卑的心。

回到文章開頭的那段話：

「當我以爲我什麼都懂的時候，學校頒給我學士學位；當我覺得自己一知半解的時候，學校頒給我碩士學位；當我發現自己竟是如此孤陋寡聞的時候，學校頒給了我博士學位。」

當然，學位絕不是衡量智識的唯一標準，但卻值得您我深思：在群體中，您我是一個自認「什麼都懂」的人？是一個自認「一知半解」的人？還是一個自謙「孤陋寡聞」的人？

一個人的「架子」有多小，決定了一個人的「價值」將有多高！

信心與價值

凡自高的，必降為卑；自卑的，必升為高。

（馬太福音廿三章12節）

熱情是金

有一位醫學院的學生，他在唸書的時候成績平平，而且個性很害羞，見到人甚至會怯生生的。

後來他畢業後完全變了一個樣。隔沒幾年，年紀輕輕的他跟病人講話時完全不會怯場、怕生，且成爲一位非常用功鑽研醫術的醫者。問他爲什麼不會害羞？他說：「只要我想到病人的痛苦，想到他們家屬的辛苦，我就覺得自己應該幫助他們，也就忘記要緊張了！」問原本不愛唸書的他爲什麼畢了業後忽然用功起來了？他則回答：「想到自己需要接觸這麼多病人，需要幫助這麼多有需要的人，我能夠不好好努力充實自己的知識嗎？」

這樣的熱情，讓他克服了天生的害羞，也克服了他人性中的懶散。

這讓我想到某知名企業家，他在發跡前曾開過米行，不同於一般的米販，他不是被動地等客人上門來買米，他會計算每個客人買米的間隔頻率時間，等到時間差不多了，他便主動打電話到客人家，問他們米吃完了沒？並表示他可以替他們把米送到家。在當時以農業爲主

的台灣社會，這樣的熱情爲他搏得了信任與情誼，這樣的人格特質也讓他愈發成功。

其實，熱情眞是一種很奇妙的特質。它可以讓一個人從木頭轉爲靈活，從懶散轉爲積極，從失敗轉爲成功。

如果我們能夠對別人的生命多一點關懷的熱情，對自己的生命多一點上進的熱情，不需要太聰敏的天資，甚至不需要太長的時間，我們的生命馬上會有極大幅度的正向轉變。

是的！在複雜的人際網絡中，「沉默是金」或許是不錯的說話策略，但就人格特質而言，「熱情才是金」！

您我生命會不會就是缺乏了那麼一點熱情，而造成我們的自私、冷漠，甚至限制了我們的成就，燃不起應有的動力呢？

熱情是金！期待我們都能共同開發這項特質。

信心與價值

世界屬於精力充沛的人。 ～愛默生

窮爸爸，富遺產

名聲樂家喬治·貝弗利（George Beverly Shea）是一位享譽音樂界的才子，他的父親是一位牧師，從小給了他許多信仰上的觀念與教導。但諷刺的是，他長大後卻十分不願意再進教會。在他的眼中，宗教信仰是一件枯燥乏味的東西，完全不能跟藝文工作的樂趣相比。

由於他在聲樂方面的天賦，他時常應邀在電台及銀幕演唱，極有成就。然而，他漸漸被忙碌的工作壓得疲憊不堪，壓力大到整個人幾乎精疲力盡。漸漸地，他開始思索自己整天忙碌的意義。

這天，他偶然在他的鋼琴上發現了一張抄著詩詞的紙條，紙條上寫著：「我寧願有耶穌，勝於金銀……我寧願有耶穌，勝於世上榮華、富貴、聲望。」

這段詩詞勾起了他童年時父親所給予的教育與叮嚀，因而深深觸動了他的心弦。那一剎那，竟成爲喬治·貝弗利生命中的轉捩點。從那天開始，他不再只是盲目地工作賺錢，他開始重新追尋那份信仰，獲得了一種名、利所不能帶來的平安與喜樂。

後來，他爲這首詩配上旋律，成爲今天聞名於世的聖歌《我寧願有耶穌》。這首曲子，也成功地幫助了成千上萬的人們。

很難想像，如果喬治·貝弗利的牧師爸爸沒有在他幼年時就爲他撒下信仰的種籽，也許他後來只會多迷惘、困惑好幾年，甚至一輩子成爲盲目的名利追逐者，無法得享眞正的平安與喜樂。

這幾年來，「窮爸爸、富爸爸」系列的書風靡全球，帶動起一股風潮，大家都在想：怎麼樣才能成爲「富爸爸」？怎麼樣才能壯大自己，以給子女最好、最多的資源？

我不否認書中所倡導的觀點有其道理與重要性，然而，喬治·貝弗利的父親在物質上顯然不是一位富爸爸，但他卻在喬治小的時候就留給了他一個「富遺產」，讓他在未來能夠享有這世界所不能給的平安、滿足與喜樂。

「窮爸爸，富遺產」的傳承模式其實不在少數。也許您我不一定能成功地當一個家財萬貫的「富爸爸」，然而只要我們願意，我們一樣可以留給孩子一個「富遺產」，藉由信仰的傳承，讓後世得享金錢與名位所買不到的滿足、平安與喜樂。這才是最大最大的傳家之寶。

信心與價值

怎樣思想，就有怎樣的生活。～愛默生

你人生中有「高峰」過嗎？

某日，我看完新聞後做了個夢，夢到耶穌來我研究室裡找我聊天，耶穌問我：「以諾，你覺得你的人生有經歷過『高峰』嗎？」我想了想，說：「應該算有吧？」我接著講：「比方說，當我拿到博士學位，穿上博士袍時，那一天，我有經歷高峰的感覺。」我接著說：「我升等正教授時，有長輩恭喜我，說我是台灣該領域的第一個正教授，讓我覺得自己彷彿寫了歷史，當下我也覺得正處在高峰。」我又說：「我的名字曾被收錄在某個『名人錄』之中，當時，我也覺得又是另一個高峰。」

耶穌溫柔的對我說：「以諾，你知道嗎？我也覺得你的人生有好多的高峰。」我開心地問：「哪些？」耶穌說：「有一次，你成功的從心理饒恕了一個你從小討厭了很久的人，那一天，是你人生的高峰。」我目瞪口呆的看著耶穌，祂接著說：「還有一次，你明明很忙，但你卻願意花時間去關心一個幾次國考落榜的畢業生，那一天，也是你人生的高峰。」耶穌又說：「這幾年，你願意花很多心力去對待一個我想栽培的人，這也是你的高峰。」

醒來後，我想著夢中耶穌對我說的話，深深感受到，祂在我身上所看到的「高峰」，跟世界看我的角度，竟是如此地不同。

很多人都渴望能經歷高峰，都期待在人生中能有指標性的高點成就，甚至當他們無法經歷到所謂的高峰時，會抑鬱不已、覺得自己沒有價值；然而，耶穌看我們的角度卻不一樣，也許有些人會自覺人生從沒有高峰過，但在耶穌眼中，他可能已有過無數次的高峰，因爲他是個善良的人。

《聖經》上說：「治服己心，強如取城。」若從現在的時空背景來看，我們可以說：在上天眼中，能成爲一個善良、包容的人，其成就並不亞於當選一席縣市首長。

親愛的朋友，您覺得，在耶穌眼中，您的人生曾有過哪些「高峰」？也許您自覺人生沒有高峰過，但在耶穌眼中可能其實已看到了好幾個高峰，前提是您是否是個善良、包容的人。

信心與價值

神為愛他的人所預備的，是眼睛未曾看見，耳朵未曾聽見，人心也未曾想到的。（哥林多前書二章9節）

PART 3

信心，是一把梯子

它可以讓你的人氣指數愈升愈高

相信人中「善」的一面，

用心、放膽地待人好，您的人氣指數會愈來愈高。

生氣時，智商只有五歲

有一位企業家，素以行事穩健著稱，即便每天身處在瞬息萬變的商場之中，他也幾乎沒有犯過致命性的大錯。所以，他所經營的公司也就日漸成長。

幾年後，他要退休了！在榮退茶會上，記者們問他這幾十年來的成功祕訣，他只笑笑地說：

「其實我沒什麼特別祕訣，我之所以能順利，是因爲我懂得在憤怒的時候少說話、少作決定，所以我不容易壞了大事。」

短短的一句話，卻讓當天在場的人上了重要的一課。

每當我冷靜地回想自己過去在生氣時曾出現的情緒、念頭，或觀察一些在盛怒中的人們，我可以發現一個共通點：人生氣時，智商只有五歲！

無論一個人現年幾歲，當他（她）在氣急之時，其思慮之不成熟，情緒之一發不可收拾，言語之不知節制，表現之失態等等，彷彿就像一個五歲的孩子一樣地不成熟。

聖經上說：「人有見識就不輕易發怒。」可不是嗎？當一個人在生氣時，他（她）的智慧、EQ、儀態……等，都會大大地「退化」！乃至所講出的話，所作出的決定，往往都會壞事。

誠如那位退休的企業家，他之所以能夠一路平穩、順利，不在於他有什麼樣的特殊手腕，乃是他懂得在憤怒時少說話、少作決定，所以他不容易出錯。

您期待自己的人生能更平順，更少出錯嗎？務必提醒自己：人在生氣時，智商只有五歲！學習在盛怒之時少說話，少作決定，以免壞了全局而後悔莫及。

信心與氣度

二十歲時受意志統治，三十歲時受智力統治，四十歲時受判斷力統治。～富蘭克林

一句話的重量

一句話，雖然看不見、摸不著，但它卻是有重量的，有其無形的重量。

國、高中時代的我，是一個很迷糊的少年，迷糊到出門常忘東忘西，不過還好我有一個細心的老爸，加上我是個典型的乖寶寶，不太愛花錢，所以爸爸在零用錢的給予上一直很放心，甚至很主動。

他常常會主動看我的皮夾，如果發現沒錢了，就會放一些小額鈔票與銅板進去。我常對他說：「爸爸，你好好喔！」

他的回答讓我一直到今天都銘記在心，他說：「今天是爸爸爲你這麼做，我希望將來有一天如果你媽咪老了，腦筋不行了，記不得太多事情的時候，你也可以常這樣檢查她的皮包，主動幫她放一點錢進去，讓我所愛的老婆在晚年能一無所缺，這樣，我就會覺得很滿足。」

從小我爸爸的身體就一直不好，而我又是家中的獨子，所以這番話讓當時的我聽起來很有感觸，當然啦，是正面的感觸。這就是我那無微不至的爸爸。

同樣是一句話，讓我想起有一次，我碰到一位中學同學，那時他在金融機構當辦事員，算是不錯的工作。我問他爲什麼沒有再升學，他說，他忘不了學生時期一位老師罵他的話，順著他的敘述，我的回憶也倒回到國中時代，想起了某句他曾被老師罵過的話。

是那句話讓一個單純的少年人就此對升學、念書膽怯的嗎？我不敢進一步明問，不願再一次挑起他心中的痛，但，我想應該是的！

所以我說，一句話是有「重量」的！有無形的重量。所不同的是：有愛與智慧的人所講的話，可以在聽者心中占有極重要的分量，讓他（她）就此感動、銘記在心；而未經深思或情緒下所脫口而出的一句話，卻也可以重重地「壓」在聽者的心上，壓得他（她）喘不過氣來，壓得他（她）翻不了身。

可不是嗎？一句話的重量雖然無法用秤來量，但卻感覺得到。您是否曾說出某句話造就了一個人？或是誤了一個人？與您一同深思。

信心與氣度

聖經沉默的地方，我們就要沉默；聖經發聲的地方，我們就要發聲。～詹姆斯．賈菲德（美國第廿任總統）

另一種「雙聲帶」

許多人都非常羨慕那些語文學習能力很強的人，特別是那些可以同時精通兩種以上語言的人，他們能在必要的時候當翻譯，更可以在重要的場合中以兩種不同的語言交替演說。

這種人一般被稱爲「雙聲帶」。的確，在這個資訊繁多的世代中，語文能力是重要的，那些有本事以雙聲帶演說、處事的人們，確能對其生活發揮效益，相當值得我們學習。

然而，我覺得在這個世界上有「另一種雙聲帶」的人更值得我們學習，不過這裡的雙聲帶所指的不是語言，他（她）們所慣用的「雙聲」是「感謝聲」與「讚美聲」。

我發現生活中有些人，他（她）們的眼睛似乎特別明亮，即便日子過得不算富裕，但他（她）們總能在日常作息中看見一些天父所賜下的恩典與驚喜，以至心中充滿了滿足和喜悅；他們待人時，亦不會忘記多說聲「謝謝」，不會忘記說出這既討喜又有禮的二個字。

更令人佩服的是，即使遭逢困難，他（她）們依舊會在祈禱中說：

「上帝啊！雖然我遭遇不順，但我依舊要讚美祢！因爲我知道祢必有美意。」而平時對待身旁的人，他們亦不忘適時地給予鼓勵和讚美，就像一輛油罐車，總是爲旁人的心靈加了滿滿的油。

總而言之，與他（她）們相處時，你總能不斷聽到他（她）們說：「謝謝。」「哇！你做得眞棒。」「感謝讚美主！」「你人眞是太好了。」等詞句。

想一想，如果生活中都是上述這類詞句，那該有多「舒服」啊！這樣的人不但自己快樂，別人也會跟著受惠。

學習作一個「雙聲帶」的人，讓生活、處世、禱告中各多一些「感謝聲」與「讚美聲」，必會讓你的生活煥然一新。

信心與氣度

一顆仁愛的心比智慧更好，更有力量。 ～狄更斯

「我是好意的！」曾經聽一位作母親的這麼講。「其實我是好意的！我是好心想給他（她的兒子）建議，我沒有要嫌他的意思，只不過我口氣急了點，但他就是不懂我的心。」

也曾經有兩位相交多年的好友吵架，事後其中一位說：「我是看他最近有瓶頸，而且他自己也很困擾。我只是想幫助他改掉缺點，讓他更好，只不過講話直了點兒！你也知道我這個人就是這樣，但其實我是善意的！」

也聽過一位基督徒分享他傳福音的挫折，他怨嘆道：「我每次都很想把福音給傳出去，但每次都被人罵回來。」後來我才了解，原來他與人分享信仰時，常不知不覺地先用了許多否定對方的言詞，讓許多人聽不下去，聽不進去，甚至還產生了反效果。

類似上述的情況其實並不少見。

我相信，許多父母、師長、朋友之間給予建言或互相表達意見時，大家都是出於好意、善意的，但人似乎就是那麼樣地拿捏不住情緒與急躁，乃至時而讓氣氛擦槍走火。

我喜歡《聖經》上的幾句諺語：

「恆常忍耐可以勸動君王；柔和的舌頭能折斷骨頭。」（箴言廿五章15節）

「你們作父親的，不要惹兒女的氣，恐怕他們失了志氣。」（歌羅西書三章21節）

「回答柔和，使怒消退；言語暴戾，觸動怒氣。」（箴言十五章1節）

可不是嗎？無論您有再多各式各樣的善意、美意，無論您的出發點是多麼地良善，如果您在給予您的孩子、學生、朋友建議時少了那麼點「笑容」，口氣缺少了點柔和，或忘了顧及對方的自尊，那麼即便您背後蘊藏有再多的善意，恐怕也只會帶來反效果。

我喜歡把一句眾所周知的名言給改一個字來講——百善「笑」為先！

人有善意的動機固然很好！但各式各樣善意的建議與批評，如果忘了先用「笑容」以對，則往往您背後的善意就無法被對方所接受。

百善「笑」爲先！如此才能使您的子女、學生、朋友……等，聽進您諸般善意的言語。

信心與氣度

圓融是一種本領，既可避免樹敵，又能言之有理。～古典物理學之父 牛頓

為批評繫上蝴蝶結

哲人說：「批評是一種禮物，是一種可以讓人成長、進步的禮物。」

我太贊成這句話了！不過，我們在送人這份禮物時，不妨也繫上個蝴蝶結，讓收到「禮物」的人能夠收得開心，進而受益。

我很喜歡分享一個例子：我的父親是一個注重禮數且積極教育孩子的人，然而他矯正孩子的方式卻很「獨特」。

舉例來說，如果他看到我有什麼不夠好的地方，他會先說：「以諾，你A的部分做得不錯，不過很可惜，你B的部分有些缺點。」接著，他會用一種帶著興奮的口吻對我說：「但如果能把B的部分也改進，你的未來將會不得了！無可限量！」

其實，他的重點是要「批評」我不好的地方，但他一定會先讚美我好的部分，沒有命令句，沒有說教式用詞，讓我不會有排斥感。所以，從小到大，即便是在最易叛逆的青春期，父親對我的批評與教誨，我幾乎都是「照單全收」，不僅沒有任何反抗，還很樂意朝他所希望引導的正面方向去努力改進。

也曾聽一位姊妹分享她自己的例子：過去她做菜做得不算好，常會不小心多放了些鹽，使得菜吃起來味道又鹹又重。此時，她家裡的某位長輩總是會把她給訓一頓，大大說教一番，讓她既生氣又沒面子；然而，碰到同樣的狀況，他父親表達的方式卻不一樣，他總是幽默、半挖苦地說：「孩子，今天買來的菜是不是離海邊比較近呀？」

一陣哄堂大笑過後，他父親要批評、提醒她的目的達到了，但用這種幽默的表達方式，卻不會使人受到傷害。

因著這些活生生的例子，所以我說：批評是一種寶貴的禮物，但我們在送人這份禮物時，不妨也適時地繫上個蝴蝶結，讓「禮物」看起來可愛一點，讓收到的人能夠收得開心，進而受益。

爲批評繫上「蝴蝶結」，在批評、矯正別人時多加些讚美，多給些肯定，多加些幽默，給聽的人一個台階下。

在表達意見時不激起對方的情緒，是很值得學習的功課。

批評是一種禮物，是一種可以對人有益的禮物，在您基於愛心與期待要去對您的同事、孩子、牧師、朋友、辦事員……等提出批評與建言時，您懂得「送禮的藝術」嗎？

爲批評繫上「蝴蝶結」！讓我們共同學習、實踐這個理念。

信心與氣度

想得愈少的人，說得愈快。

～孟德斯鳩

英雄所見不同

有一個老故事，曾被人們給引用多次了，不過每每想起它，卻又是如此發人深思。

故事是說到有位老師走進教室，在黑板上畫了一個大大的「○」，並問：「各位同學，這是什麼？」

「是英文字母『O』！」一位善長英文的同學開口了。

「不對！不對！是『氧』！」喜愛化學的同學表達了自己的意見。

「錯！很明顯的，它是個『零』。」「我看，它該是個『雞蛋』吧！」「不就是個『月亮』嗎？」所有人開始進行了一場唇槍舌戰，老師趕忙說：「各位同學，別急！其實你們都沒答錯。」大家頓時你看我，我看你。

那天，全班同學學到了一個寶貴的功課：「就算我是對的，別人就一定都錯了嗎？」

很多時候，就像故事中看「○」的學生們一樣，就算您我所

講的是對的，也並不代表別人所講的就一定都錯了！

所以我說：英雄所見「不」同！

因著生長背景、文化、角度的不同，衆人在第一時間內對同一件事必會有不同的認知與想法，所以「英雄所見不同」的機會其實往往是多過「英雄所見略同」的。然而可貴的地方也就在這裡，因爲一個眞正的「英雄」，不但會有一套自己的想法，也必會有涵養和度量去尊重別人的想法，這才叫眞正的「英雄」，否則他就與匹夫無異了。

期待我們都能作一個有涵養、有度量的眞「英雄」，在面對「英雄所見不同」的時候，能懂得不先急著否定、批判別人，而是先想想別人所說的話，若能如此，您我將會是最大的獲益者。

信心與氣度

要彼此同心；不要志氣高大，倒要俯就卑微的人；不要自以為聰明。

~保羅

情緒的「適」放

我喜歡用一個故事來詮釋所謂的情緒管理：

有一天，一位婦人帶著她新買的寵物狗，準備坐火車去看她的親戚。在火車上，她座位對面的一個年輕人正陶醉地聽著隨身聽，不時搖頭晃腦，甚至開始唱了起來。

她覺得有些吵，流露出不耐的表情，但坐對面的那位年輕人不但沒有收斂，反而愈唱愈大聲，愈唱愈大聲，而這位婦人的火氣也愈來愈大，愈來愈大。

忽然間，這位已經忍無可忍的婦人大吼一聲：「別吵啦！」接著便歇斯底里地把自己那新買的寵物狗給丟出窗外。

可能我們都會覺得故事中這位婦人的行爲實在誇張，引起她怒氣的是對面的乘客，但到最後卻是那隻無辜的寵物狗受害。

當我們爲故事中這位婦人的行爲覺得哭笑不得時，想一想，您我自己是否也曾在生活中扮演這位「故事中的婦人」的角色呢？

比方說：明明是老闆惹我們生氣，但我們卻回家把怒氣發洩在自己家人身上；明明是同事得罪我們，但我們卻把怒氣發洩在配偶的身上；明明是自己失誤而把情況搞砸，卻總是氣急敗壞地怪罪不相干的旁人；明明是某人做錯事，但我們卻遷怒到他身邊的朋友、親人。

想一想，您我的怒氣，是否常以「不適切」的方式，發洩在「不適合」的對象身上呢？

我們的情緒需要「釋放」，但更要懂得「適放」，懂得適量地抒發，懂得適可而止，並針對適合的表達對象。

生氣並不一定等於犯罪，端看我們是否懂得情緒的「適」放。如果放過了頭，或釋放到不適當的對象身上，往往會讓自己後悔莫及。

信心與氣度

生氣卻不要犯罪；不可含怒到日落。～保羅

原來他也是人

有一個太太打電話給社工師，向她抱怨自己媳婦的不孝順！做起家事來總是不勤快，下班後也不早點回家，說著說著，越講越氣！幾乎快要破口大罵了。

在她情緒稍微平緩後，社工師依慣例問：「太太，那您家裡還有哪些成員呢？」

太太：「我家還有我先生和我女兒。」

社工師：「您女兒結婚了嗎？」

太太終於露出笑容，說：「結婚了。」

社工師又禮貌地問：「那她一切都好吧！」

太太：「她過得很好，嫁了一個好夫家，不會對她要求東、要求西的，老公還會做家事，可以讓她專心地當個職業婦女。她算是有個好歸宿。」

社工師一聽，一時之間不知該如何回應。

就像故事中那位埋怨媳婦的婆婆，很多時候，我們總

是會先以自己的立場想到可能會有的利益或難處，然而我們卻很少能設身處地爲別人著想，以至常寬待己方，卻薄待他人。

我很喜歡中國字的「他」，這個字是由一個「人」與一個「也」所組合而成的，彷佛叮嚀著後世：務必記得「他」，其實就跟您我一樣「也」是個「人」，也跟您我一樣需要被關心、被善待。

我們所期待的也是別人所期待的。多設身處地爲別人著想，必可讓生活多一點溫暖。

信心與氣度

你們都要同心，彼此體恤，相愛如弟兄，存慈憐謙卑的心。 ~保羅

斜視與偏見

曾經聽過一則事例，讓我心情久久不能平撫。一位母親帶著兒子走在大街上，看見身旁走來一位清道夫，便當著清道夫的面告誡兒子：「你看！你一定要好好唸書，不然以後你就會跟她一樣當清道夫！」

也許那位母親沒有惡意，但我不知道如果那位清道夫的子女聽到這句話，聽到自己的媽媽被人當面這樣說，或是讓家裡有人當清潔工的人們聽到了，心會多麼糾痛，多麼委屈。難道書唸不好就該是低下的？家世背景不好也是一種原罪？不能成爲白領階層者都該被後人「引以爲戒」？

每次我想起這段敘述，腦海中都總會浮現出那位母親那種勢利眼和表情。想一想，類似的偏見在您我生活周遭似乎也不少見？

當我們瞧不起某人的工作、家境、學歷、出身、境遇……時，其實也不需要講出什麼太傷人的話，只要在得

知其背景的那一剎那，頭一撇、目光一斜、態度一冷，不需要講任何話，光是那種輕蔑的眼神就夠傷人的了！

根據科學數據，隨著醫療科技的發達，「斜視」的治癒率已大幅提升。但諷刺的是：醫學再發達，似乎也只能治好人們的「斜視」，而沒有辦法治好人們的「偏見」。

其實，我們都不完美，少一點偏見，是對別人的尊重，也是對自己的提醒。

信心與氣度

未曾受過傷的人才會譏笑瘡疤。

～莎士比亞

是誰該死？

多年前當時的宇宙光總幹事容耀先生的一篇文章，裡面提到一段眞實的故事：

曾有一位年輕人犯了法，被判了死刑，並要在電視上公開整個行刑的過程。當時有一群基督徒去請教一位資深牧師的看法，一開始一群人只是閒聊，但當有人問起牧師關於這個年輕人被判死刑的事時，這位牧師忽然收起笑容，很嚴肅地回答：「不是這個年輕人該死，是我該死！要是我福音傳得夠好，能夠改善這社會的風氣，也許這個年輕人就不會犯法，今天也就不會被判死刑了。」

「該死」這兩個字似乎在生活中並不少見，甚至還經常被使用。我們總是習於將之用來形容辦公室裡某位討厭的同事，用來形容某位您我所討厭的政客，也常用來形容日常生活中某某人的行徑。

然而有一句話說得好——愛，是在別人的過錯上看到

自己的責任！當我們準備咒罵某某人該死的時候，不妨也學習那位老牧師的自省：

「要是我福音傳得夠好，也許這個同事就不會這麼討厭！」

「要是我福音傳得夠好，也許這個同事講話就不會這麼傷人。」

「要是我福音傳得夠好，也許這個人行事就不會如此偏激。」

「要是我福音傳得夠好，也許他（她）今天就不會幹出這樣子的事。」

可不是嗎？我們都沒有權利去罵任何人「該死」，除非我們不懂得在別人的過失上，看到自己的責任。

信心與氣度

愛是……不計算人的惡。（哥林多前書十三章4－5節）

吵一場優質的架

每個人都會吵架，至少，每個人都會有與旁人意見不合的時候。

我不常跟別人起爭執，近幾年來，如果我不幸起了爭執，我也期待自己能與別人吵一場優質的架。

何謂「吵一場優質的架」？舉一個反例，曾經聽聞兩位優秀的女士因意見不合而吵架的說話內容。

年齡較大的甲氣呼呼地對乙說：「妳就是做事太不積極，所以才考不上研究所。」

乙惱羞成怒地回嘴：「妳就是做事太不顧別人的感受，所以婚姻才會不美滿。」也正中了甲的痛處。

接下來的吵架內容，更是一路慘不忍睹。這，就是典型的非優質吵架方式。

一場優質的吵架，必須拿捏住一個分寸——反駁，但不激怒對方。

聖經上說：「言語暴戾，觸動怒氣。」（箴言十五章1節）「你們的言語要常常帶著和氣，好像用鹽調和，就可知道該怎樣回答各人。」（歌羅西書四章6節）

當檯面上的公眾人物們用詞愈來愈暴戾，內容愈來愈情緒化的時候，您我是否能秉持住「反駁，但不激怒對方」的吵架原則，吵一場優質的架呢？

反駁，但不激怒對方！期待您我能從身邊做起，慢慢地改變所處環境的溝通風氣。

信心與氣度

真正的友誼猶如健康，只有在失去時才知道它的價值。～科爾頓

「愛」人太甚

咦？這文章的題目是不是下錯了？有聽過「欺」人太甚，可怎麼會有「愛」人太甚這種事呢？其實不但有，而且類似的例子在您我的生活中還層出不窮。

舉例來說：有的父母非常寵自己的孩子，做錯了不忍糾正，也不忍讓孩子吃苦，最後讓孩子養成了許多負面人格或嬌生慣養的陋習。這種父母不愛孩子嗎？當然愛！但這樣的溺愛卻害了他（她）。

有的男人有很強的「掌控性格」，要求愛人的生活必須完全以自己爲中心，不給對方一點自主空間。您說他不愛自己的女朋友嗎？當然愛！但這樣不成熟的愛卻讓人喘不過氣來。

有的群衆極愛慕自己所崇敬的歌星、政治人物，哪怕他們犯了錯，甚至事後毫無悔意，群衆也會瘋狂地報以掌聲。您說這些群衆不愛他們心目中的那些公衆人物嗎？當然愛，但這樣不理性的愛只會讓那些公衆人物更加迷失了自我。

所以我說，一些「不正確的愛」，如：溺愛、男女間不成熟的愛、群衆對公衆人物不理性的愛等等，有時不但對當事人無益，長遠來看，反而是「礙」了那些人。

有的時候，「愛人太甚」比「欺人太甚」對當事人的殺傷力更大，且更害於無形。

保羅曾在寫給腓立比教會的書信中說：「我所禱告的，就是要你們的愛心在知識和各樣見識上多而又多，使你們能分別是非。」

可不是嗎？有了最重要的愛心之後，還要再輔以智慧與判斷力，才不會使自己的愛心用錯了方式，產生負作用。

信心與氣度

盲目的熱心，只是有害而無益。 ~愛默生

錦上不添炭，雪中不送花

錦上添花、雪中送炭，這兩者都是好事，也都是美德。花與炭都是美好的祝福。

然而，如果反過來「錦上添炭」、「雪中送花」，那就可眞叫人受不了！不僅會把錦緞弄髒了，也會讓急待救援物資雪中受凍的人氣得破口大罵。

花與炭都可以是美好的，就看送的時機、對象。待人、說話不也如此嗎？時機、對象都很重要！

有一天，C先生興高采烈地回到家，要與他太太分享這個月領到績效獎金的開心事，一回到家，他就興奮地大喊：「太太，告訴妳喔！我今天加薪了喔！」C太太卻回答：「這有什麼好高興的，隔壁的張醫師，一個月賺幾十萬，都沒這麼興奮。」結果，當天C先生晚餐在飯桌上一語不發，所有的欣喜頓時化爲委屈與自卑。這個，就是標準的「錦上添炭」也！

面對得意的人要有技巧，面對失意的人也得有技巧。

記得好多年前，有一位好友遭受到不小的失敗打擊，原本活潑的他心情頓時低到谷底，他來我宿舍找我訴苦時，我看了他的樣子自己也覺得好難過好難過，我試著想以開心的話題來改變氣氛，講了許多生活中值得高興的事與他分享，希望能讓他快樂些。不料，他看著正使出渾身解數的我，竟說了一句：「以諾，你真的不了解我！」很顯然的，我做了一件「雪中送花」的事。

從小我就熟記聖經中的一句話：「與喜樂的人要同樂；與哀哭的人要同哭。」（羅馬書十二章15節）以前我覺得這個道理淺顯無比，一直到後來，才深深感受到話中的智慧與深度。

花與炭都可以是美好的，就看送的時機、對象。您我會不會也一不小心做出了「錦上添炭」、「雪中送花」的舉動呢？

信心與氣度

假如你不會替人捲繃帶，就不可以去觸人家的傷處。

~赫德

「強人」所難！

許多人期待自己在社會上能出類拔萃，成爲不可一世的強者。許多人如此祈求，甚至，會把這視爲是上帝賜福與否的唯一指標。

其實，對一個強人而言，有許多原本不算太難的小事情，但他（她）們要做到卻格外吃力！例如：

·強人難「謙卑」：

這裡所指的「謙卑」非僅人前形式化的謙卑，乃是心中眞正的謙卑。很多時候，驕傲的心是可以被包裝的！即便是大衛王都曾經用數點百姓的方式來滿足自己的虛榮心，足見「強人」要謙卑有多麼難，多麼可貴。

·強人難「交託」：

「強人」能力強，人脈廣，善於規劃，久而久之，便習慣一切都掌握在自己手中的感覺，眞的碰到變化時，往往很難以一顆交託的心來面對，也就難以享受到平安與喜樂。

·強人難有「同理心」：

「強人」的一切都太美好、順利，如果一不小心拿同樣的成就標準來「檢

驗」自己的孩子、同輩時，難免會表現出不耐，甚至是鄙視的情緒。不自覺中所流露出來的態度，常會讓人受不了卻不自知。

．強人難「想到要與神親近」：

「強人」覺得自己太靠得住了，覺得自己有太多的事要忙了，不知不覺中，與神親近的功課開始變得馬虎，甚至被遺忘。

原來，「強人」隨便一算，就可以發現有這麼多「難」成的事。

所以我說：

如果您期待自己的未來成爲「強人」，得多留意上述幾點，先給自己打個預防針，以免生命變了質。而如果您已經是一個人人眼中的「強人」了，也不妨多注意這些「強人」所「難」做到的事。

如果您常因自己是個小人物而自卑、不甘，想一想，也沒什麼嘛！上述幾點重要的事情，對強人而言雖難做到，但對小人物而言就相對容易多了。誰說「平凡」不是一種上帝另類的賜福呢？

信心與氣度

有好多次，我不得不跪下來禱告，因為我個人所有的智慧絕不足以讓我度過這些日子。～亞伯拉罕．林肯（美國第十六任總統）

最難復健的動作

偏癱病人常會失去做許多動作的能力，經常成了復健治療的常客。如果您在我還在醫學院唸書時問我：「什麼是偏癱病人最難復健的動作？」我可能會理論性地回答您：「恢復他的肌肉張力，使他患肢能自己抬高」、「治療他使他能從臥床到能自己用拐杖走路」、「訓練他能用湯匙吃飯而不顫抖」等答案。

但實際在臨床上治療病人後，我深深地體會到：最難的復健動作，不是對付他們的不正常張力，不是讓他們恢復走路的功能與日常生活機能，這世界上最難復健的動作，是——「微笑」！這是一個重症病人最常失去，也最難恢復的動作。許多人在強調肢體重建的同時，忘了同理心與心靈的關懷，其實，這些看似微不足道的小事，遠比醫治他們的身體要難上許多。

我在治療病人時，常會想起這個「世界上最難復健的動作」。所以我常提醒自己：在治療病人的同時，幽默一點，風趣一點，多說些勵志的話，增進他們「嘴角上揚」的機會，讓他們在冰冷

的醫療環境中能多些笑醫。

讓病人微笑，讓病人活得快樂，也許不會有人給你加薪，健保費不會多給付，學術聲望也不會增加，卻很有意義！因爲，除了身體需要復健之外，「心」也需要復健，您說是嗎？

微笑，是這世界上最難復健的動作。親愛的朋友，如果您家中或是生活周遭有重症病人，別忘了設法多給他們一些歡笑、欣慰，也許對您來講只是些小動作，但我相信對他們而言，您已經做了一件極有意義的「大事」。

信心與氣度

喜樂的心乃是良藥，憂傷的靈使骨枯乾。

～所羅門王

心，是方向盤

有一個武士千里迢迢地去請教一個修士：「修士，請問天堂與地獄這兩個地方分別在哪裡呢？」

修士想了一會兒，馬上回答：「就憑你？也想明白這種高深的學問？省省吧！」話還沒說完呢，便轉過身去背對著那武士盤坐著。武士被他不屑的態度給氣得火冒三丈，拔起刀來就要砍下去，說時遲那時快，修士馬上回過頭來指著他那肅殺的臉，說：「先生，這，就是地獄！」

武士恍然大悟，趕忙收起刀來，謙卑地致意、自省，修士又指著他的臉，和藹地說：「這，就是天堂。」

眞是發人深省的小故事。心，像一個方向盤，一個無形的方向盤，它可以把一個人帶往天國，也可以把一個人帶往地獄。

我很喜歡《聖經》上的一句話：「天國是在你們的『心』裡。」可不是嗎？只要握正、握好「心」的方向盤，

就會自然而然地成爲聖潔；而如果「心術不正」，就會開往地獄、醜惡的境界裡去。

心，是方向盤，一個人如果切切保守他（她）的心，他（她）的思想、品格、行爲……就不會走偏。

信心與氣度

你要保守你心，勝過保守一切，因為一生的果效是由心發出。～所羅門王

地瓜型人格

人，是一種多樣化的動物，這使得觀察人性變成一個有趣的課題。

這幾年，我開始對身邊的人事物有更多的體會，也發現有一種人很特別！我個人稱之爲「地瓜型人格」。跟這種人相處需要細心，需要智慧，甚至在管理上需要多一點技巧。爲什麼我用「地瓜」來描述這種人格特質呢？有三個原因：

．**地瓜不顯眼：**

地瓜不像葡萄、蘋果、橘子一樣長在樹上，它埋在土裡，很不顯眼。「地瓜型人格」的人亦是如此，在團體裡他（她）不是默不作聲，就是縮在角落裡，一不小心還眞會忘了他（她）的存在，是屬於在人群中很低調的一類。

．**地瓜有養分：**

地瓜是很有養分的！這種人亦是如此，雖然低調，不顯眼，但有時聽他（她）講話還眞會被嚇一跳！會驚覺這傢伙居然還挺

有思想的，其話語與行爲的價值並不低於那些外表亮麗的人們。

・地瓜需要你去挖掘：

這點是爲什麼我說這種人在管理上需要多一點技巧的原因，你不要期待他（她）會做出什麼自告奮勇、毛遂自薦的事，也不要期待他（她）會給你留下什麼深刻的第一印象。這種人需要與之相處，需要你去相處後發現他（她）的好處，將其「挖掘」出來，拉上檯面，其天賦才會得到發揮。

「地瓜型人格」的人容易被埋沒，容易被忽略，甚至容易吃悶虧，但卻可以是對團體極爲有益的人。

我相信，在您身邊一定也有許多這類「地瓜型人格」的人，不要讓他（她）們就這麼可惜地埋在土裡。如何幫助他們將天賦發揮出來，就需要您我多用一點耐心與智慧了。

信心與氣度

沒有人是完整的，朋友能補不足。 ～福斯迪克

如果少了您

曾經有朋友無心地問過我一個問題：「以諾，如果有一天這世界上的基督徒全部消失了，這世界難道就會變得更壞嗎？」

坦白說，這句無心的問話還眞問得我從背脊涼到心頭。而這句話似乎也點出了您我該有的責任與使命感：您我的存在，是否給別人的生命帶來祝福？這個世界是否有因您我的存在而變得「更好」呢？

我們不妨縮小範圍，偶爾問問自己：

「如果有一天您從您的朋友群中消失了，他們的生命難道就會變得更壞嗎？」

「如果有一天您從您的辦公室消失了，這間辦公室的風氣難道就會變得更壞嗎？」

「如果有一天您從您的班上消失了，這間教室的風氣難道就會變得更壞嗎？」

聖經上說：「你們是世上的鹽。」鹽，顧名思義，縱使只有一點點，也能夠使整道菜的味道改變。

想一想，如果少了您，您周遭的世界會怎麼樣？

如果少了您，您周遭的世界反而會更安寧！也許您我要檢討一下自己平日那愛批評、埋怨，挑起爭端的說話風格。

如果少了您，您周遭的世界不會有任何的改變，彷彿我們的存在可有可無，似乎並沒有發揮出光與鹽的角色。

如果少了您，您周遭的世界會更壞，代表我們的存在眞能成爲旁人的祝福。

「讓自己的存在成爲別人的祝福」不需要做出什麼驚天動地的成就，只要活出喜樂、和平、良善，那麼您的存在就會使您周遭的世界變得更好！

如果少了您我，我們周遭的世界會怎麼樣？實在值得您我虛心自省。

信心與氣度

在社區、鄰舍中多行善事。

～喬治・W・布希（美國第四十三任總統）

浪漫・讓、慢

有人說，婚姻最難得的事情就是在結婚多年以後還能保持浪漫。

浪漫是什麼？這其實很難去詮釋它，因爲每個人對浪漫的定義都不同，不過我發現許多成功的夫妻，他們保持浪漫的祕訣其實很簡單，其實最美最持久的「浪漫」，就是懂得「讓」與「慢」。

當一個人懂得「讓」對方，不用強勢的態度去凌駕對方，不用言語去激對方，自然而然就會流露出一種吸引人的特質；而「慢慢地動怒」（雅各書一章19節）更是家庭和睦、甜蜜的要件。

其實，「讓」、「慢」何止是在家庭生活中有用呢？無論是領導人對下屬，上班族對同事，朋友間的相處，乃至宿敵之間的互動，如果能夠掌握住這種「讓」與「慢慢地動怒」的原則，很多事情都可以處理得很圓滑，很美滿。

如果您現在翻開報紙，或是打開電視新聞，會發現社會的各個角落裡每天都上演著不同形式的衝突。如果每個人都能夠從自己做起，適時地讓對方一步，並學習慢慢地動怒，我想，我們的社會氣氛一定也會更「浪漫」、更美好。

信心與氣度

不能原諒對方的小瑕疵，絕不可能建立長久的友誼。～佚名

閉嘴，是一種靈修

這幾年，我自己慢慢有種體悟：閉嘴，是一種靈修，是一種另類的靈修。怎麼說呢？不知您有沒有以下的症狀？

一、一見別人有做不對的地方，就急著批判？也不管別人當下的時空背景或難處。

二、一見到身陷憂鬱的人，就指責他沒有信心、不懂得靠主喜樂。卻沒想到自己也不見得是甚麼聖人。

三、一見到家庭狀況特殊的人（例如：單親、夫妻遠距）就急著「問」他們家到底怎麼了？也不管自己跟當事人交情夠不夠，問這些會不會突兀。

四、自己一有某些優點或成就，就一天到晚掛在嘴邊。深恐現場有人漏聽了或聽不明白。

五、自己一有某些委屈，就無限放大、成天嚷嚷，甚至在旁人的身上找可以怪罪的點。

六、別人在正分享自己的難處，才正講到一半呢！你就急著

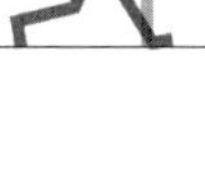

插話下結論、給意見。

七、一得知別人過去有不成熟但無傷大雅的過往，就急著挖出來傳揚之，好像這麼傳揚就可以提升自己似的。

以上七點症狀，如果您我中了一半以上，那麼恐怕您我要好好調整自己的處事風格。聖經中的《箴言》書被許多人給譽爲是職場生存寶典，而其中許多部分都是在教導我們要懂得「話少」，這並不是要我們鄉愿，而是要我們多些體諒、沉澱與觀察。

閉嘴，是一種靈修，是一種練習在生活中去實踐聖經中各種教導的方式，練習慢慢的說、慢慢的動怒，好好靠著聖「靈」來「修」正自己的作風。願我們一起努力。

信心與氣度

寡少言語的，有知識；性情溫良的，有聰明。（箴言十七章27節）

PART 4

信心，是一把梯子

它可以讓你的生活品質愈來愈好

有了信心，隨時謙卑仰賴上帝，
生活必蒙祝福。

樂，透了嗎？

我所敬愛的資深藝人孫越叔叔，幾年前息了地上勞苦勞歸天家，在世時是紅透銀幕的老牌影星，亦是金馬獎影帝。

然而，他最後卻選擇放下一切，投入公益與傳福音的工作。在他所出的一張個人見證專輯中，有一段歌詞提到他過去的內心世界：「曾經追逐世界掌聲，曾經追隨虛空腳跟，外表讓人多羨慕，內心痛苦多深沉。」短短幾句話，道盡了他當年看似風光、富裕背後的眞正心境。

後來，他的一位好朋友帶領他接觸了基督信仰，他的生命出現了重大的轉變。於是那首歌之後的歌詞描繪了他後半生的心境，唱出了他現在的感恩與滿足，歌詞寫道：「祂的愛使我重生，我喜樂向前直奔。我今日成了何等的人，一切都是上帝的恩，只有上帝能知道，我的感恩有多深。」

這首由孫越叔叔所創作並演唱的歌歌名叫「感恩」。我非常喜歡這首歌，也許歌詞並不算太華麗，但卻充滿感情與誠摯。

人，是一種會尋求快樂的動物。然而，人所追逐的掌聲、財富、風光、激情等，眞的能讓一個人獲得眞正的快樂嗎？這些「樂子」是否眞能感透人心？還是只能帶給人們膚淺的快樂？是否常只是快樂一下子之後，又再度跌入空虛的情緒之中？

後來的孫越叔叔內心已不再憂鬱，取而代之的，是一如他在各公益廣告中所洋溢出的那股笑容。他常分享一段經文：「若有人在基督裡，他就是新造的人，舊事已過，都變成新的了。」這就是改變他一生，讓他後半生深深滿足、快樂、喜悅的關鍵。

人的內心都有追尋快樂的需求。想一想，您我平日所追逐的那些「樂子」，是否眞能「感透」我們的內心？帶給我們深深的滿足、感與喜悅？抑或帶給我們的只是表淺的快樂？再再值得您我深思。

信心與生活

唯有當我們國家謙卑倚靠神，信靠祂主權的供應，我們國家的安全才會得到確保。

～富蘭克林・皮爾斯（美國第十四任總統）就職演說結語

理了髮的草坪

我在輔仁大學醫學院授課的時候，常會看到工友定期使用除草機整理校園裡的草坪。

有的時候看到他們正在除草的景象，會覺得有些淩亂，畢竟除草機的聲音不小，再加上剛除完草時飄落在人行道上的片片碎草，場景不怎麼討喜。不過，他們工作的態度可是很敬業的！再者，如果不這麼做，可能沒多久就雜草叢生了，無法使校園展現出該有的美感。

我常喜歡打趣地對旁人說：「瞧！今天我們的草坪又在理髮了！」總能搏得對方的會心一笑。

很多時候，神也會用類似的方式來「整理」我們，也會用一些挫折、苦難、挑戰來修剪我們的性格，雖然一時之間我們不能明白，雖然一時之間只會覺得自己的生命被整得很「亂」，然而，這卻是爲了要成就之後的美與淨。

的確，若沒有神的許可，沒有一件事可以發生在您我的生命裡頭。

偶爾，走在輔大的校園裡，看看那些「被理了髮的草坪」，再想起自己所遭受到的一些挫折與不滿，頓覺一切豁然開朗。

信心與生活

能安詳忍受命運的否泰者，才能享受真正的快樂。～舒伯特

後補第一的救主？

我常喜歡一個人獨自聽些聖詩，對我而言，這是很美的抒壓管道與安靜思考的機會。

前一陣子聽到一首《讓主居首位》的老詩歌，歌詞全文是這樣寫的：「我心屬主，我靈屬主，讓主居首位。我主腳前，謙卑順服，讓主居首位，讓主居首位，讓主居首位，深願在我心靈之內，讓主居首位。」

可不是嗎？如果能夠凡事「讓主居首位」，很多困難都可以迎刃而解，很多心中的愁煩也會一掃而空。

然而，我們若想想自己的光景，不得不承認我們似乎很少讓主居「首位」，而是常把主給放在「後補第一位」。

在遇到困難時，我們第一時間閃過腦海的常是求助於有權、有能力的人，最後發現人脈清單中的人都找完了，才想到還有上帝，才懂得謙卑順服、交託；在安排時間規劃時，我們總是先想到我們的工作與休閒，最後剩下的零碎時間，我們才拿來親近上帝。

人，總是被琳瑯滿目的選項給塞滿了腦子，以至於上帝在我們生命中的排名往往擠不進「正取名單」當中，我們非要等到自己生活中的正取名單有「出缺」的時候，等到自己的方法都用盡了，等到生活有閒了，我們才會想到要倚靠上帝，親近上帝。

想一想，這是多麼地可惜啊！

如果主在我們的生活中只能扮演「後補第一的救主」，那麼我們恐怕會在患難中多吞好幾口苦水；在生活中原本所該得享的平安與喜樂，也將會大打折扣。您說是嗎？

信心與生活

我無法想像我的生活沒有信仰存在將如何，那會使我失去生命力。

～海倫．凱勒

今日怒，今日畢

小學的時候，師長會教導我們以「今日事，今日畢」的態度來面對課業，待長成後，所面臨到的環境愈來愈複雜，愈來愈多難纏的人、事需要我去應付，我漸漸體認到一個更寶貴的生活態度——「今日怒，今日畢」。

曾經有一次，我對某個人爲之氣結，他講過的話，做過的事，我愈想愈氣，愈思愈怒。

就這麼把怒氣放在心中約莫兩個星期後，某日，一個人無意間向我問及那人的情況，頓時，累積、壓抑一久的怒氣一發不可收拾！以冷漠的表情滔滔不絕地講了關於那人一連串的壞話。

話還沒講到一半呢！我看到問話者臉上詫異的表情，看到她臉上所流露出的吃驚與不解，我忽然愣住了……，我想她的詫異並不是因爲認同那個人的人品，她的詫異是沒料到我一個素來看似溫文儒雅的人竟會對一個人用出如此苛刻、情緒化的字眼。

頓時我再也說不下去，回想我幾秒鐘前所講過的話，不禁汗顏、羞愧……。我固然可以爲自己找出一百個生氣的理由，我固然可以指出那個人一百個足以令人惱怒的原因，但，當我選擇把怒氣給放在心中時，我自己的心也變了樣，並直接投射在用字遣詞上，與態度、口氣上。

僅僅對一個人積怨十多天，就讓我的談吐、口吻大爲改變！這讓我體會到聖經中以「不可含怒到日落」這句話叮嚀後世的智慧與重要。

可不是嗎？若把對一個人、一件事的怒氣、怨恨給放在心裡一天，別人看不出來，自己也不覺有異；放個一週，影響也不大；放個一個月，若修飾得好，別人也許還看不出來，但自己往往已可覺得情緒常受波動，甚至判斷力也受到影響；而若是放個一年、數年，則殺傷力之大將超乎您我的想像，不要說自己的情緒品質受影響，恐怕就連別人也會覺得您我臉上的「氣質」大大不如前。

我很喜歡兩句話：「不可含怒到日落。」「因爲人的怒氣並不成就神的義。」

人，當然有發怒的權利，甚至在某些時候人確實有發怒的必要，但讓我們共同學習，作一個「今日怒，今日畢」的聰明人，不要把怒氣積抑過久，以免影響我們的心情，影響我們的客觀，影響我們的行爲，影響我們的工作，甚至漸漸扭曲了我們的性格而不自覺。

信心與生活

生氣不是犯罪，但生氣往往有很大的危險性。

～內村鑑三

如果聖經是武林祕笈

您看過武俠小說或電視劇嗎？我的好朋友陳正修宣教士有一段比喻我非常喜歡，他說：「聖經就如同一本武功祕笈，有人讀了只學會了一招半式；有人讀了之後倒頭就睡（什麼都看不懂——成了催眠的工具）；有人讀了練到走火入魔（《射雕英雄傳》裡的西毒歐陽鋒）、有人讀了練就了一身的爐火純青……，爲什麼有這麼不同的結果？是武功祕笈的錯？當然不是，而是每個練武的人的不同。」

我非常喜歡上述的比喻方式。可不是嗎？如果聖經是本「武林祕笈」，我們可以把讀經者給分爲幾類：

一、只會「一招半式」：

這或許是最多人的寫照，像金庸小說中剛開始學降龍十八掌的郭靖，就只會那麼一招，雖然已經不錯了，但還不可能去應付每一種狀況。

二、只是「背而不用」：

類似《天龍八部》中的王語嫣，幾乎能背出所有的武功祕笈（經文），但僅只於「知識」，碰到困難時自己卻一招也使不出來，無法生活化。

三、練到「走火入魔」：

像西毒歐陽鋒。片面解經，愈解愈偏激，甚至因血氣而罵人時，還會從聖經中引經據典，但事實上早已背離信仰本質，變得激進、極端而不自覺。

四、練得「爐火純青」：

可以將聖經中的知識活用，將信仰生活化，成爲生活中的力量與指南，無論碰到什麼窘境，都能活用聖經中的教導，用來面對眼前的難關。

美國第三十任總統柯立芝曾說：「在聖經中，你可以找到解決世界上任何問題的方法。」

美國第三十九任總統吉米・卡特則說：「聖經是力量的泉源。」

在這個資訊爆炸的世代，聖經早已是一本唾手可得的書籍。如果把聖經比喻爲一本武林祕笈，您會怎麼看待它？是只練「一招半式」？只「背而不用」？還是已練得「走火入魔」？或者，您願意練到「爐火純青」？

同樣一本聖經，端看您用怎麼樣的態度去面對它。

信心與生活

剛開始的時候，讀聖經是一種責任，現在則是一種享受。

～威廉・亨利・哈里遜（美國第九任總統）

一、二、三，木頭人！

曾經聽一位吸毒者講述他的心路歷程。

他說：「我一開始覺得吸毒很不好，自己跟那些吸毒的人應該是不一樣的。所以，我只是看著身旁的朋友吸毒，看久了，就覺得就吸這麼一口應該也沒差！吸過一次之後，覺得既然都吸過了，偶爾才吸一次也沒嚴重多少，我還是原來的我；久而久之，覺得一週吸一次也沒關係，我現在也只是一週吸一次，跟之前偶爾吸一次的情況比起來也沒嚴重多少，總之，我跟那些常吸毒的人還是不一樣的。」

就是這樣覺得「看似沒差」的錯覺，讓他一步步的失守，最後，終於身陷其中，無法自拔。

很多時候，與「試探」周旋，就像在玩「一、二、三，木頭人！」的遊戲一樣，當您每一次回頭，都覺得它們一動也不動，覺得它們的狀態是靜止的，然而事實上，它們卻正一步步地向您逼進！總有一天，它們要抓住您！讓您無法自拔。

就像開頭所提的那位毒癮患者，他在過程中的每一次自我檢討，都覺得自己可掌控情況，但事實上卻正一步步失守中。親愛的朋友，在日常生活中，您是否也在與某些「試探」或陋習（如：懶惰、色情、虛榮、謊言、貪婪……）周旋卻無警覺性呢？

也許您覺得自己可以掌握，也許您覺得它們看似無威脅性，但事實上它們正一步步地向您逼進，想要俘虜您的生命。值得您我深省、警惕。

信心與生活

除非人的心歡迎試探，給它留餘地，否則它永遠也無法接近你。～考門夫人

天國的外交官

在高三到大一的那兩年，當時的我曾經有一股想從政的衝動。我並不喜歡和人爭辯，但我極欣賞檯面上一些文人、外交官們優雅的談吐與儀表，期待自己將來能見賢思齊。

那只是成長過程中一時的夢想。雖然，上帝沒有帶領我走這條路，也沒有讓我當個代表國家的外交官，然而想一想，每一個基督徒不都具備著「天國的外交官」的身分嗎？

身爲一位「天國的外交官」，被上帝派遣在這世上各個不同的角落，我們有幾點是需要特別注意的：

・**謹慎的言詞**：

聖經上叮嚀我們：

「污穢的言語一句不可出口，只要隨事說造就人的好

話，叫聽見的人得益處。」

「往來傳舌的，洩漏密事；心中誠實的，遮隱事情。」

「你們的言語要常常帶著和氣，好像用鹽調和。」

說話眞誠、謹愼、和氣等原則，是值得努力實踐的。

・傳遞天國的信息：

當社會的價值觀開始被扭曲，世俗的輿論開始向我們洗腦時，您我能否信守聖經的教導，並與旁人分享清新而有益的聖經觀點呢？

您我能否把握住機會，將天國的福音以口、筆、生命等方式傳給身邊的人呢？

不過，外交官都必須熟諳當地人的語言、文化，想一想，有時您我的表達方式是否用了太多的信仰術語，而讓部分的非基督徒們「聽不懂」以至於無法認識福音呢？這值得我們留意。

・雍容的氣度：

基督徒絕非不能生氣。然而，在許多世人眼中，我們所代表的是基督信仰的形象。

想一想，您是一個容易被激怒的人嗎？您會常在不該發怒的時候發怒嗎？

愛，是信仰最根本的眞諦，如果我們沒有愛心與雅量去包容那些自己所不喜歡的人或言論，恐怕我們信仰中最根本的價值已出了問題。

世上許多人視國家的外交官爲一種極高的榮譽。如果屬世的外交官身分都如此值得珍惜，那麼我們豈不該更珍惜那更大、更美的職分呢？

上帝要用您！無論您的職務、身分，在您的崗位上學習謹慎的言詞、傳遞天國的信息、培養雍容的氣度，您，就會是一個很棒的「天國的外交官」。

信心與生活

不管我留在地上的生命還有多長，都是為主而活。～隆納德・雷根（美國第四十任總統）

恆行「爸」道

我是一個牧師的兒子，我父親當過神學院教授、神學院董事長。這事說來尷尬，如果您去看聖經，會發現聖經中的好父親不見得能教養出好兒子。

撒母耳是個受人尊敬的士師、先知，但他的兩個兒子與他相去甚遠，多行不義，且弄得天怒人怨。

大衛是個偉大的君王，他的兒子所羅門在即位早年也頗有作爲，然而，所羅門的兒子與後代們就不一樣了！大多成了行事悖謬、誤國誤事的庸君。

很顯然的，這些對上帝敬虔的父親，並沒有教育出同樣敬虔的兒子，或者我們該說：這些敬虔的父親所生的兒子，並沒有信他父親所信的神，遵他父親所行的道。

當然，也有例外的，舊約聖經中的約沙法即是一例，聖經上形容他「尋求他父親的神，遵行祂的誡命，不效法以色列人的行爲」（歷代志下十七章4節）、「行他父親所行的道」（列王紀上廿二章43節），而如果進一步查考，您會發現約沙法不但信他父親所信的神，甚至可能比他的父親還更持守神的道。

兩相對照，讓我這個第四代基督徒不由得心生警惕。我想，每一個敬虔的父母無不希望自己的子女能夠奉行主道，將這最美好的傳家之寶給流傳下去。記得在我二十歲生日那年，父親送了我一本白皮聖經，上頭用燙金的字寫著：「要記得你是基督徒……」顯然他最大的期待便是希望他的兒子也能夠尋求父親的神，遵行祂的誡命，並持之以恆。

如果您也生長在一個第二代以上的基督徒家庭，不妨多問自己：自己是否信奉父親所信的神，遵父親所行的道？我們會變成撒母耳的那兩個兒子，還是賢君約沙法？

聖經上有許多信仰傳承上失敗的憾例，是給今天第二代以上的基督徒很好的提醒！如果您也生長在一個第二代以上的基督徒家庭，期待我們也都能夠時時警醒，做一個

「恆行『爸』道」的基督徒，將那最美好的傳家之寶給傳承下去。與您共勉之。

信心與生活

一個美麗的家庭並不能對你發生作用，除非你有一顆美麗的心。～海倫·凱勒

當您以為沒人看見的時候

在一所老舊的中學裡，老師正發考卷給學生。發完後，雙手後背，在教室裡輕輕地踱了一圈，然後就從後門出去了！

一開始，學生們你看我，我看你，驚訝得說不出話來。又過了一會兒，老師還是沒回來，立刻有部分的學生們大樂，心想：「哈！原來老師另有要事，分身乏術啦！」很快地，小抄、大抄、翻書……此起彼落。

隔天，老師來發考卷了！奇怪的是，有好幾個人的考卷連改都沒改，就被打了個零分，更巧的是，這些人恰恰就是前一天作弊的人。

老師語重心長地說：「同學們，你們以爲自己做的事永遠不會有人知道嗎？」說完便用手指指那已有些破舊天花板：「我早就在上面弄了個小洞，你們在考試時我並沒有偷懶，而是在二樓『監考』，各位的一舉一動，我在上面都看得一清二楚！」

親愛的朋友，當我們以爲沒人看見的時候，就會去做一些平

時不敢做的事情；當我們以爲沒人看見的時候，我們會去一些平時不敢去的地方。但正當我們以爲沒人看見的時候，其實，天父全都看見了！您所做過的事，您所去過的地方，祂全都看得一清二楚。

聖經上提醒我們：「你父在暗中察看……」、「掩藏的事，沒有不顯出來的；隱瞞的事，沒有不露出來被人知道的。」如同故事中所描述的師生們一樣，下一次，當您以爲沒人看見的時候，別忘了提醒自己：天父在上面全都看得一清二楚。

信心與生活

真正的美德是背地裡所做的一切事情都可以公諸於世。～路斯瑪

天堂裡的**委員會**

有則童話故事，是說到當初上帝創造天地時，有一群小天使們來到上帝的面前，對上帝說：「上帝，爲什麼都是您獨自一手規劃這個世界呢？我們幾個的能力也不差，創造世界的事，可否讓我們也參一腳呢？」事實上，這幾個天眞、可愛的小天使，深深覺得自己說不定會比上帝做得還出色，還有創意呢！

上帝另藏深意地笑著點了點頭。過沒多久，幾個小天使組成了一個「動物創造委員會」，並在天堂開了無數次的研討會與公聽會，絞盡腦汁，想要創造出一隻美麗、優秀的動物。

結果，由小天使們所組成的「動物創造委員會」，創造出了一隻擁有鸚鵡頭、鹿身、四條兔腿，再配上海豚尾的四不像動物，牠飛也飛不高，跳也跳不動，游也游不好，弄得幾個小天使羞到滿臉通紅，其他沒參與的小天使看了這「動物」後，也不禁捧腹大笑，場面好不尷尬，最後，還是由慈祥的上帝出面之後，才收拾了殘局。

從那天開始，天堂裡面再也沒有小天使向上帝提到要籌組任何「委

員會」的事情了，因爲，所有的小天使們都明白了！任何人、事、物，只有上帝的設計與安排才是最好的。

這只是則童話，不過，卻讓我想到了金凱瑞所主演的電影「王牌天神」(Bruce Almighty)，我們都會像「王牌天神」中的男主角，或是故事中組「委員會」的小天使一樣，總覺得上帝的安排很糟，覺得自己的安排一定比上帝的好，但怎麼上帝就不照著我們自己所想的去做，去給予呢？

然而，也正如「王牌天神」中的男主角，以及故事中組「委員會」的小天使，人的智慧何其有限啊！我們所安排、規劃的事情，往往存有太多的矛盾與盲點。《聖經》上說：「天怎樣高過地，照樣，我的道路高過你們的道路；我的意念高過你們的意念。」（以賽亞書五五章9節）

您常埋怨上帝的安排與作爲嗎？耐心等候，並換個角度看這一切，您必會從埋怨轉爲歡笑。

信心與生活

只要信，有一天你必在你不明白的事上看見神的美意。

~考門夫人

日劇「白色巨塔」片尾曲的由來

若干年前，由日本巨星唐澤壽明、江口洋介、黑木瞳等人所主演的「白色巨塔」在日本、台灣掀起了收視高潮。

緊湊的劇情，優美的配樂，再再爲這部片增添了可看　。許多人很喜歡「白色巨塔」這部片的片尾曲Amazing Grace，它其實是一首古典聖詩，中文譯名是「奇異恩典」，據說過去還曾經蟬聯美國流行音樂排行榜的第一名呢！

這首歌的作曲者已不可考，而作詞者則是英國人John Newton。作詞者自幼喪母，他的父親則是一位在地中海經商的船長，他從小跟著父親跑船，沒唸過幾年書……。少時放蕩不羈，連父親都不認他這個兒子了！後來他到處閒混，被雇主欺凌，販賣過黑奴，並吃喝嫖賭，還曾有過入獄的不良記錄。

後來，他無意間接觸到了一本福音書籍，讀後大受感動，並自覺慚愧，他決定痛改前非，重新找回自己活著的意義與價值，並努力地以自己的生命見證來幫助那些失意、迷失的人。之後，他成爲了一位牧師。有一天，他回顧過去，有感而發，便將自己一生的轉折寫成了這首 Amazing Grace，它的歌詞寫道：

「奇異恩典，何等甜美，我罪已得赦免，前我失喪，今被尋回，瞎眼今得看見。」

「許多危險、試煉、網羅，我已安然經過；靠主恩典，安全不怕，眞是何等寶貴。」

親愛的朋友，您聽過日劇「白色巨塔」的片尾曲嗎？或是您對塡詞者 John Newton 戲劇性的一生感到驚嘆呢？在這混亂、憂鬱的世代，您也期待享有一份出乎意料的甜美與平安嗎？「奇異恩典」不是 John Newton 的專利，只要您願意，天父也爲您預備了屬於您的奇異恩典。

信心與生活

若有人在基督裡，他就是新造的人，舊事已過，都變成新的了。（哥林多後書五章17節）

有一種半虧兼半開玩笑的形容詞，是用來形容某些人講話缺乏內涵，稱之「沒營養」。常可以聽到有些人打趣地調侃某些出言不當的人：「哎呦！你說話好沒營養喔！」

其實，沒有一個人天生說起話來就是「有營養」的，沒有一個人天生說起話來就是文質彬彬、氣質非凡、思想雋永，這些都是得靠後天的培養、維持。相對地，如果後天沒有好好保養自己的心懷意念，講起話來的素質自然而然就會大打折扣。

所以聖經上會說：「善人從他心裡所存的善就發出善來；惡人從他心裡所存的惡就發出惡來；因爲心裡所充滿的，口裡就說出來。」（路加福音六章45節）可不是嗎？心裡所充滿的，口裡就說出來。您心裡充滿的是什麼，決定了您這個人說起話來有沒有營養！

坊間有許多關於生理營養學的書，其實，維繫心靈營養與維繫生理營養，兩者間有著許多異曲同工之妙！特別

是從信仰的角度來看。讓我們來看看三個基本的「心靈營養學」：

．每天至少花十到十五分鐘讀經：

許多人的生理營養攝取問題在於只愛吃零嘴，而捨棄了正餐，心靈營養的攝取不也如此嗎？再好的靈修小品，再好的見證故事，也都只是二手的加工食品和零嘴，當中所蘊含的營養、智慧與價值絕對遠遠比不上《聖經》這部正餐。

．好好地吸收、消化：

要懂得消化、咀嚼、思想所讀到的經文，否則很容易造成斷章取義或是詮釋錯誤，誤入偏激。

．多做一點屬靈的「運動」：

醫院裡的營養師不會只教您吃，更會提醒您要多運動，以達到保健的目的。同樣的道理，一個只「吃」而不「動」，只聽道而不行道，或只聽道而不太參與服事的基督徒，很容易造成「屬靈肥胖症」，雖有知識卻活不出生命。而服事的過程則可讓其參與者愈做愈成熟，愈做愈被薰陶，愈做愈得感動。

只要您願意，您，就可以當自己「心靈的營養師」，多用以上三點來提醒自己，讓自己的心靈更有營養，生活更有力。

信心與生活

信仰是生命的力量，人沒有信仰便沒有內在的生命。～托爾斯泰

月領三份薪

許多上班族會大嘆薪水不夠用，甚至，不論其收入的多寡，都會覺得自己的生活品質不夠好。

其實，老闆發下來的薪水袋內就只有一份薪水，確實非常不夠用，往往無法滿足現代人的需求。您知道嗎？就我的計算，現代人要過得好，活得有品質，每個月至少需要領三份「薪水」！我，就是一個「月領三份薪」的人，因著月領三份薪，讓我的日子過得非常豐足。我非常願意分享月領三份薪的生活：

第一份薪水，是「金錢」：

金錢雖非萬能，但也沒有上班族可以完全不靠金錢度日，賺錢也是大部分人之所以需要工作的重要目的之一，亦是人們在探討薪水與生活品質時，最有形也最不容易被忽視的考量要素。

第二份薪水，是「榮譽」：

工作所需的報酬不只是金錢，也需要榮譽感的回饋。如果您所做的職業無法讓自己感到光榮，可能就有必要在心境或環境二者中擇一調整，否則久而久之，整個人的風采都會消失。

努力分內之事，發揮自己的天賦，設法找到自己生存的「榮譽感」，是維持生活品質很重要的一部分。

第三份薪水，是「情感」：

現代人生活壓力大，常會翻臉如翻書；或是機關算盡，弄得人人皆防之、畏之。其實，人在職場上與同事之間所培養出的情感、友誼，亦是工作中很重要的一種報酬。人緣不好或是習慣批判、樹敵的人，痛苦的往往是自己，而一個人無形中所建立起來的「人脈基金」，往往會在關鍵時刻發揮臨門一腳的功效。

上班族，每個月至少需要領三份「薪水」！不過這三份薪水能互通的額度極爲有限！所以，當其中一個戶頭嚴

重不足時，即便有某一項薪水額度很高，也無法完全平衡，您我也必然會感到空乏、不快樂。

親愛的朋友，您的工作常只領到一份薪水嗎？人工作除了金錢的報酬以外，也需要找到榮譽感，更需要得著友誼，否則絕對不會感到滿足。

在這個忙碌的工商社會，期待您我都能均衡生活，做一個「月領三份薪」的現代人，有效改善生活品質。

信心與生活

人生最大的快樂不在於占有什麼，而在於追求什麼的過程。～班適

十減一大於十

身爲基督徒，我有一個數學觀：「十減一大於十！」

這句可能讓數學老師讀來匪夷所思的話，卻是基督信仰的精神之一，亦是上帝賜福給人的確切應許，聖經裡的原文是這麼說的：「你們要將當納的十分之一全然送入倉庫，使我家有糧，以此試試我，是否爲你們敞開天上的窗戶，傾福與你們，甚至無處可容。」（瑪拉基書三章10節）

當我們甘心樂意地將金錢、時間……的十分之一，分別爲聖擺上時，在旁人看來我們也許是白白損失了十分之一，但，上帝必因此而大大賜福我們，讓我們剩下的十分之九發揮出比原先更大的效益。

第一次親身經歷到這種「十減一大於十」的現象，是在我大學的時候，當時我在南部唸書，偶爾會用寫作的方式來事奉上帝，但一開始時並沒有將此事放在心上，主要是覺得自己並不是寫作的料（求學過程中，我的理科一向比文科要好），且剛開始上大學時功課並不是很上軌道，

就更不敢多放些時間在各種事奉上了。後來我無意間想到了十一奉獻的經文，但我還沒開始賺錢啊！我就想：「好吧！我就把我每天十分之一的時間獻上。」

於是，我每天至少播出二點四個小時靈修、爲主寫作。可能在不信的人眼裡看來我這麼做很傻，對前途似乎有誤而無益，但我卻可以在此公開見證：我在那之前成績本來不是很好，可後來等到畢業時，我卻是全班唯一一個應屆考上研究所的人，亦是母系那幾年第一個拿到碩士學位的畢業生。而我當初對寫作也沒有特別的雄心，上帝卻因著我肯擺上而使用我的筆，等到我大學畢業時，我竟已出了兩本書，大學時所寫的著作還曾入選台北國際書展、香港國際書展。這些，都是我每天「傻乎乎地」獻上二點四個小時所得來的賜福。

也曾經聽一位摯友分享，他生在一個小康家庭，但家裡曾有一陣子經歷了嚴重的經濟問題，他，有一位愛主的母親，堅持在困難、負債中仍持守十一奉獻的原則，在很多人看來：「錢都不夠用了，還拿去奉獻？」但他的母親堅持這麼做，結果上帝果然帶領他們家度過了難關，不但如此，日後還更加倍賜福他們家的經濟狀況。

當然，上帝「賜福」給每個人的方式也許不同，可能是有形的，也可能是無形的，但必都是美好的。

十減一大於十！把金錢、時間……分別爲聖，獻上十分之一，上帝必會用各種不同的方式，爲您我敞開天上的窗戶，傾福與我們，甚至無處可容。

信心與生活

最美的奉獻不是金錢，而是生活的擺上。

～勞威廉

天父必看顧你

有一首許多人耳熟能詳的詩歌叫《天父必看顧你》，很多人會唱，但卻很少人聽過它創作背後的故事。

馬丁牧師是一位熱心的牧師，他答應某教會要在某個禮拜天到該地主講一次佈道會。但很不巧，那個週末他的妻子卻生了病，高燒不退。馬丁牧師很憂心，準備拿起電話筒向該教會的牧師取消此次的講道。

這時，他那可愛的孩子忽然走到他面前，天眞、狐疑地問他：「爸爸，您不是每天都有禱告嗎？難道您不相信上帝在您不在的這段時間裡會替您看顧媽媽嗎？」

馬丁牧師聽了好感動！於是跟妻子商量後，決定照原定計畫前往證道。由於他的信心，那天的佈道會讓許多人得著幫助。

散會後，他趕忙跑回家裡，還沒到家，就遠遠地看到他的兒子在門口迎接他，手上還拿了張紙。兒子對他說：

「爸爸！媽媽已好多了！她還寫了一首歌詞，等著你回來作曲哦！」

馬丁牧師接過歌詞，看到歌名寫著「God Bless You」，又是感恩，又是驚喜，頓時熱淚盈眶，創作靈感源源不斷地流出來。於是他馬上坐上家裡的鋼琴，將心中的旋律給彈出，並記下。後來這首歌被翻成了中文，就是您我今天常唱的「天父必看顧你」。

馬丁師母在病中所寫下的歌詞很激勵人心：

「任遭何事不要懼怕，天父必看顧你，
祂要把你藏祂恩翅下，
天父必看顧你……
時時看顧，處處看顧，
祂必要看顧你，
天父必看顧你。」

想一想，這個世代實在有太多的「不知道」，實在有太多的「不確定」，我們不知道美伊戰爭後的國際情勢會如何演變；我們不知道SARS那樣的病毒還會不會捲土重

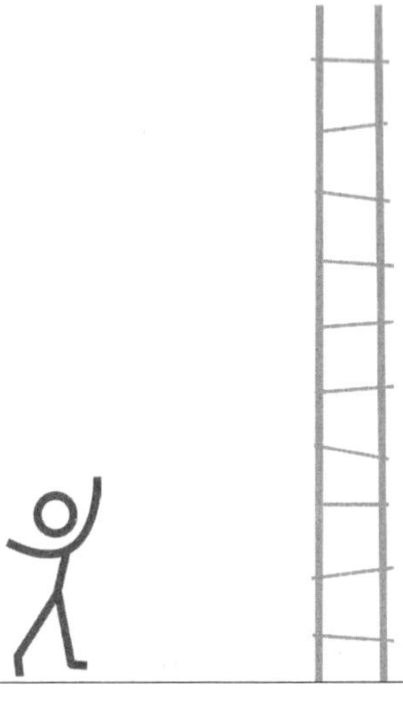

來；我們不知道下一代的教改還會被「試誤學習」到什麼程度；我們不知道經濟低迷還會持續幾年；我們亦不知道自己將來的路會產生什麼變數。

但，有一件事我們知道！有一件事我們可以確定！那就是——「主是好牧人，祂必看顧每一個祂所愛的羊寶寶。」親愛的讀者，只要您願意，那麼天父必看顧您！希望這個真實的小故事能讓您我未來在暴風雨中亦覺寧靜。

信心與生活

你們看那天上的飛鳥，也不種，也不收，也不積蓄在倉裡，你們的天父尚且養活他。你們不比飛鳥貴重得多嗎？

（馬太福音六章26節）

耶穌選總統

主耶穌看到社會太亂了！決定出來選總統，以改善社會風氣。

首先，祂到了選委會繳交文件，填寫資料，祂謙遜地在資歷欄上填著「木匠」二個字，比起別人當過議員、部長、地方首長，這個頭銜顯然遜多了！現場的承辦員與記者們立時露出錯愕的眼光。甲記者問：「先生，你畢業於哪個學校啊？」耶穌說：「我以前沒有唸過大學。」乙記者問：「那你這樣的人條件夠嗎？」耶穌回答：「頭銜與學歷不能代表一個人的價值。」

電視辯論會開始了！所有候選人開始在台上互相攻訐，每個人都受到炮火波及，唯有耶穌不急於回嘴。事後，幕僚氣結地問：「你怎麼不反罵回去呢？」耶穌卻回答：「不要與惡人作對。有人打你的右臉，連左臉也轉過來由他打。」「不要爲自己申冤，申冤在神，祂必報應。」隔天，耶穌的競選班底落跑了一半。

選戰進入倒數白熱化的階段，所有的總統候選人紛紛開始加足攻擊火力，耶穌卻開始談起「和解」，甚至讚美起其他候選人來。幕僚建議：「我們應該加強攻擊力道，這樣才能炒熱選情。」耶穌卻說：「對不起，我做不到，我的競選主軸是『愛我的仇敵，爲那逼迫我的禱告』……」語畢，剩下的競選班底又走了一大半。

選舉結果揭曉了！耶穌以最低票落選。這位最善良、最偉大、最有資格，也眞正能帶給眾人幸福的候選人，卻沒有被社會上大多數人所接受，得票率甚至低到連保證金都拿不回來。

當然，以上只是則有感而發的創作。想一想：面對世上琳瑯滿目的選項，我們是否常一不小心就拒絕了主耶穌，拒絕了那上好的福分呢？

在這個虛榮掛帥，講求厚黑的世代裡，我們眞的有跟主耶穌站在同一邊嗎？值得您我深思警惕。

信心與生活

你們要進窄門。因為……引到永生，那門是窄的，路是小的，找著的人也少。（馬太福音七章13－14節）

惡人有惡福？

在這個世界上，人人總有不同的際遇。

「傻人有傻福」的際遇常讓旁人會心一笑，「惡有惡報」的情節則讓人們大呼痛快！然而，如果看到的發展是「惡人有惡福」，那，似乎就不怎麼讓人服氣了！

偏偏這個世界上「惡人有惡福」的例子還眞是不少：一些投機的政客，偏偏官運亨通；一些收紅包的醫生，偏偏生活最富裕；一些霸凌下屬的公務員，偏偏升遷最順利；一些對婚姻不忠的人，偏偏看似兩面得意。

總之，一些人們眼中最不講道德的人，卻常看似凡事亨通，逍遙自在。我們不禁要問天理何在？上帝在哪裡？上帝爲什麼要賜福給壞人？當好人的意義又在哪裡？划算嗎？上帝的作爲又在哪裡？

其實，上帝不是不管，更不是在「賜福」那些人。我很認同教會牧師講的一句話：「上帝給壞人最殘酷的懲罰，就是放任他（她）一路亨通，亨通到麻木的地步，完全想不到死後會有審判。」

可不是嗎？上帝給惡人最大的懲罰，就是「放任」他（她）們。因此，他（她）們會在看似亨通，得不著任何警惕與提醒的情況下，在活著的時候繼續肆無忌憚地行惡、投機，甚至變本加厲，而等到曲終人散的那一天要「算總帳」時，一切已太晚。

相反的，上帝給好人最大的賜福，就是讓他（她）們心存良知，心存警惕，進而不敢行惡、投機。堅守原則的態度看似不划算，但等到曲終人散的那一天，從上頭所得著的也是最可貴的。

您常因爲看到「惡人有惡福」而義憤塡膺嗎？聖經上提醒我們：「不要爲作惡的心懷不平，也不要向那行不義的生出嫉妒。因爲他們如草快被割下，又如青菜快要枯乾。」

開心地扮演好自己該扮演的角色，不要讓自己的爲人因爲「心懷不平」而變了質，這才是最健康、正向的生活態度。

信心與生活

物有定處，事有定時。～佛蘭克林

333生活處方

您對自己現在的生活滿意嗎？如果有一台機器可以準確地測出人們的「生活滿意度」，我想所有人的總平均分數恐怕不會很高，恐怕很多人對自己現在的生活是不頂滿意的。

無論您對自己現在的生活滿意與否，在此提供一個「333生活處方」，也許稱不上是什麼金科玉律，但這些小小的動作卻有可能在您的日常生活中發揮出小兵立大功的妙用：

・每週真心地去讚美3個人：

讚美，是一種「成熟」的表現。一個成熟的人，是懂得欣賞而非嫉妒別人優點的人；一個成熟的人，更應是懂得鼓舞身旁上進的人。不需說什麼白色謊言，也不需刻意誇大，只要您靜下心來觀察，您將發現每個人都有值得褒讚的一面。學習每週用心、真心地去讚美三個人，您的成熟度與受歡迎的程度，都將更入佳境。

・每週至少為3件隔週將進行的要事禱告：

我們除了可以學習不爲明天憂慮之外，更可以積極地採取「攻勢」，更可以積極地爲明天守望！想一想，下個禮拜的您，有那些要事要完成？不妨先花個幾分鐘來爲這些事禱告吧！無論是考試、開會、企劃案、面談、演講、服事……提前一週開始用禱告來將它們擺上，下個星期的您，必將如有「神」助！

・每週至少挑出3句經文來好好咀嚼：

上週的您曾讀了那幾段經文？現在的您又還能記得多少呢？走馬看花式的讀經就好比一個人將補品吃到嘴裡後又再吐了出來，對自己的身體（心靈）絲毫無法發揮任何的幫助。每個禮拜督促自己，至少要從所讀的經文裡挑出三句來好好思想、咀嚼。不必多，一週三句，一段時間之後，您整個人所散發出來的氣質，必會產生正面而顯著的改變。

「333生活處方」是我爲自己所歸納的小叮嚀，我不敢說自己已能實踐得很好，但我卻敢在此見證：當我願意每週去讚美3個人、當我記得去爲3件隔週將進行的要事禱告、當我肯每週挑出3句經文來好好咀嚼時，那幾週，我的生活都會變得出奇地順利，心情也變得滿有平安。

「333生活處方」幫助了我自己，期待它們也能在您的生活裡發揮作用。

信心與生活

不能影響到生活的信仰，不是信仰。 ~丹尼爾

卓越，從**睡覺**開始！

在西方歷史上倍受推崇的帝王詩人大衛王，不但是個有爲君主、亦是個極多產的作家。其實歷史上的帝王詩人並不少，曹操、李後主、乾隆皇等都是，他們的詩詞作品也都反應了其價值觀。而大衛王很特別，從他這位帝王詩人的禱詞詩篇中，我們赫然發現，不同於一般帝王詩人，他是一個極重視「睡眠」的君主，且似乎毫不掩飾他對睡覺的重視！

在他傳世的諸多禱詞詩篇作品中，他多次使用「躺臥」、「躺下睡覺」、「安然睡覺」、「睡覺」、「安歇」等字眼，他，毫不諱言的表達了自己對睡覺這檔子事的看重與期待！他詩詞作品中提及這些字眼的頻率之高，放眼歷史，很少有詩人的作品這麼愛提到睡眠的。然而，這位愛睡覺的大衛王，毫無疑問是中東歷史上少見的傑出君主！無論是征戰沙場、建設國家、爲繼任者規劃資源，他都展現出過人的文韜武略與思緒。

綜觀大衛王成功的一生，政治家有政治家的角度、宗教家有宗教家的解讀，而若要我就醫學與健康照護的角度來看他，他之所以能表現卓越的其中一個關鍵因素，正是他這個人看重「睡覺」這檔子事。

在醫學上，好的睡眠品質，可以使人在工作時有較佳的專注度，可以讓人有較好的情緒乃至人際關係，更可以有較好的體力，更不用說好的睡眠長久下來對健康的正向影響，無怪乎他在治國與文學上，都有卓越的表現。大衛王也許不懂得某些現代醫學理論，但時常在禱詞詩篇中祈求睡眠品質的他，卻完全拿捏住了造物主造人所設立的生理運作機制。

卓越，從睡覺開始！大衛王的禱詞詩篇被很多人給視爲範本，很多人學他在詩篇中祈求成功、祈求度過災禍、祈求平安順遂，但卻很少人留心到要學習他祈求「睡個好覺」的這個訣竅。親愛的朋友，也許您的人生正經歷某些關卡，不要光只是在壓力中向上天祈求要成功、要度災、要平安，求到最後患得患失，記得要求「神啊，求你讓我睡個好覺」，

睡覺的功夫學會了，上述那些東西您才有體力受得起！卓越，從睡覺開始！願我們都能學習大衛王在千頭萬緒中，仍能放下一切、睡個好覺。

信心與生活

我躺下睡覺，我醒著，耶和華都保佑我。

～大衛王

結語

祝福滿滿的人生

我不敢說自己時時刻刻都是正向、樂觀、有信心的，但我實在要說，在我的經驗裡，信心還眞是一個奇妙的東西。

如果我們信心多一點，相信事情即便看似不如意，但造物主仍有美好的旨意與恩典，那麼我們的快樂指數就會向上攀升。

如果我們的信心大一點，相信自己存在的價值與潛力，我們的成就、價值就會愈爬愈高。

如果我們思考正向一點，相信人性中善的一面，那麼我們的人氣指數將愈升愈高。

所以我說：信心是一把梯子，它可以讓一個人的心情、成就、生活、修養……等愈爬愈高。

本書中所分享的觀念，如「情能補拙」、「量恩而爲」、「37度C的恩典」、「用烏龜的精神作兔子」、「善良成

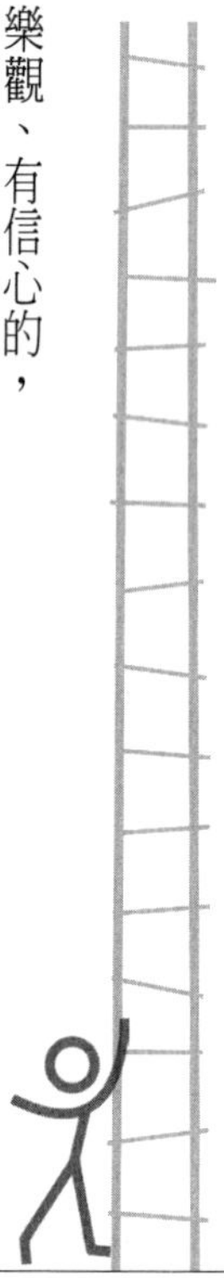

大器」、「窮爸爸，富遺產」、「十減一大於十」等，都是這幾年讓我自己獲益良多的價值觀。期盼這些觀念也能爲您的生活帶來滿滿的祝福。

只要願意相信，那麼每個人都可以擁有向高處行的人生。

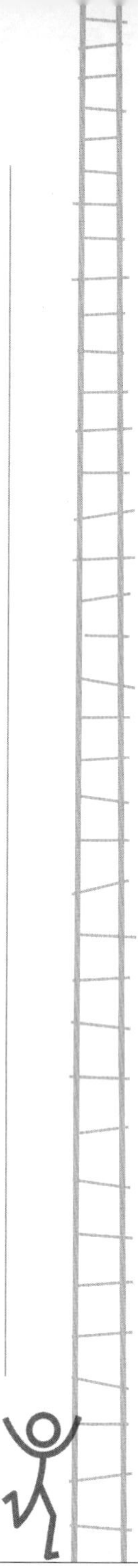

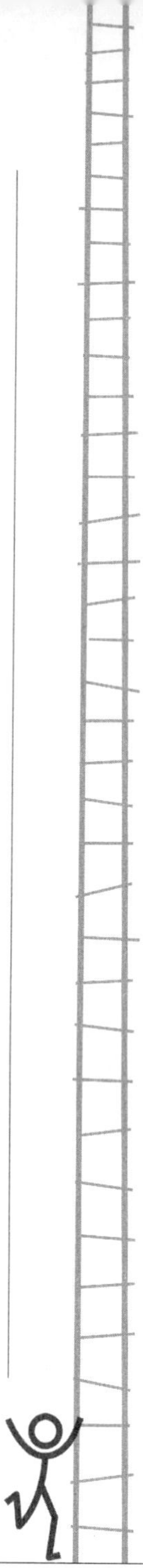

主流出版

所謂主流，是主流，是主的潮流，更是主愛湧流。

主流出版旨在從事鬆土工作——

希冀福音的種子撒在好土上，讓主流出版的叢書成為福音與讀者之間的橋樑；
希冀每一本精心編輯的書籍能豐富更多人的身心靈，因而吸引更多人認識上帝的愛。

心靈勵志系列 18

信心，是一把梯子（增訂版）

作者： 施以諾
編輯： 雲郁娟、許慧懿、鄭超睿
版型設計： 心然文化
增訂版排版：張凌綺
封面設計：張凌綺

發行人兼社長：鄭超睿
出版發行：主流出版有限公司 Lordway Publishing Co., Ltd.
地址：台北市松山區南京東路五段 389 巷 5 弄 5 號 1 樓
電話：(02) 2766-5440
傳真：(02) 2761-3113
電子信箱：lord.way@msa.hinet.net
郵撥帳號：50027271
網址：https://lordway.com.tw

經銷
紅螞蟻圖書有限公司
台北市內湖區舊宗路二段 121 巷 19 號
電話：02-2795-3656　傳真：02-2795-4100

華宣出版有限公司
地址：新北市中和區連城路 236 號 3 樓
電話： (02) 8228-1318 傳真： (02) 2221-9445

2025 年 1 月 增訂一版 1 刷
書號：L2501
ISBN: 978-626-98678-5-1（平裝）

國家圖書館預行編目資料

信心，是一把梯子 / 施以諾著．-- 增訂一版．
-- 臺北市：主流出版有限公司，2025.01
面； 公分．--（心靈勵志系列；18）
ISBN 978-626-98678-5-1（平裝）

1.CST: 自我實現 2.CST: 信心 3.CST: 成功法

177.2 113020539